马克思主义简明读本

世界市场理论

丛书主编：韩喜平

本书著者：董 岩

编 委 会：韩喜平 邵彦敏 吴宏政
王为全 罗克全 张中国
王 颖 石 英 里光年

吉林出版集团股份有限公司

图书在版编目（ＣＩＰ）数据

世界市场理论 / 董岩著. -- 长春：吉林出版集团股份有限公司，
2014.4（2019.2重印）
（马克思主义简明读本）

ISBN 978-7-5534-2606-8

Ⅰ.①世… Ⅱ.①董… Ⅲ.①马克思主义政治经济学—市场经济学—
研究 Ⅳ.①F0-0②F014.3

中国版本图书馆CIP数据核字（2013）第174304号

世界市场理论
SHIJIE SHICHANG LILUN

丛书主编： 韩喜平
本书著者： 董　岩
项目策划： 周海英　耿　宏
项目负责： 周海英　耿　宏　宫志伟
责任编辑： 陈　曲　孟祥北
出　　版： 吉林出版集团股份有限公司
发　　行： 吉林出版集团社科图书有限公司
电　　话： 0431-86012746
印　　刷： 北京一鑫印务有限责任公司
开　　本： 710mm×960mm 1/16
字　　数： 100千字
印　　张： 12
版　　次： 2014年4月第1版
印　　次： 2019年2月第3次印刷
书　　号： ISBN 978-7-5534-2606-8
定　　价： 29.70元

如发现印装质量问题，影响阅读，请与出版方联系调换。0431-86012746

序　言

习近平总书记指出，青年最富有朝气、最富有梦想，青年兴则国家兴，青年强则国家强。青年是民族的未来，"中国梦"是我们的，更是青年一代的，实现中华民族伟大复兴的"中国梦"需要依靠广大青年的不断努力。

要提高青年人的理论素养。理论是科学化、系统化、观念化的复杂知识体系，也是认识问题、分析问题、解决问题的思想方法和工作方法。青年正处于世界观、方法论形成的关键时期，特别是在知识爆炸、文化快餐消费盛行的今天，如果能够静下心来学习一点理论知识，对于提高他们分析问题、辨别是非的能力有着很大的帮助。

要提高青年人的政治理论素养。青年是祖国的未来，是社会主义的建设者和接班人。党的十八大报告指出，回首近代以来中国波澜壮阔的历史，展望中华民族充满希望的未来，我们得出一个坚定的结论——实现中华民族伟大复兴，必须坚定不移地走中国特色社会主义道路。要建立青年人对中国特色社会主义的道路自信、理论自信、制度自信，就必须要对他们进行马克思主义理论教育，特别是中国特色社会主义理论体系教育。

要提高青年人的创新能力。创新是推动民族进步和社会发展的不竭动力，培养青年人的创新能力是全社会的重要职责。但创新从来都是继承与发展的统一，它需要知识的积淀，需要理论素养的提升。马克思主义理论是人类社会最为重大的理论创新，系统地学习马克思主义理论有助于青年人创新能力的提升。

要培养青年人的远大志向。"一个民族只有拥有那些关注天空的人，这个民族才有希望。如果一个民族只是关心眼下脚下的事情，这个民族是没有未来的。"马克思主义是关注人类自由与解放的理论，是胸怀世界、关注人类的理论，青年人志存高远，奋发有为，应该学会用马克思主义理论武装自己，胸怀世界，关注人类。

正是基于以上几点考虑，我们编写了这套《马克思主义简明读本》系列丛书，以便更全面地展示马克思主义理论基础知识。希望青年朋友们通过学习，能够切实收到成效。

韩喜平

2013年8月

目　录

引　言 / 001

第一章　世界市场理论及其实践进程 / 004

第一节　世界市场理论的形成基础 / 005

第二节　世界市场理论的主要内容 / 023

第三节　世界市场的发展进程 / 047

第二章　世界市场的扩展——资本国际化 / 052

第一节　什么是资本国际化 / 053

第二节　商品资本的国际化 / 059

第三节　生产资本的国际化 / 062

第四节　货币资本的国际化 / 065

第三章　世界市场的进一步拓展——经济全球化 / 069

第一节　什么是经济全球化 / 069

第二节　经济全球化及反全球化运动 / 083

第三节　经济全球化背景下国际关系的新特点 / 121

第四节　经济全球化对世界市场的影响 / 142

第四章　世界市场的载体——跨国公司 / 150

第一节　什么是跨国公司 / 150

第二节　跨国公司对世界市场的影响 / 160

第五章　世界市场与中国经济的发展 / 166

第一节　中国经济融入世界市场的必要性 / 166

第二节　中国经济融入世界市场的战略措施 / 174

参考文献 / 185

引　言

关于世界市场理论的观点和思想众说纷纭，最具代表性、最符合客观事实、最有科学价值的当属马克思的世界市场理论。在马克思看来，世界市场是个历史的范畴，它是伴随着资本主义生产方式产生、形成、发展、消亡的全过程。马克思世界市场理论是马克思《六册计划》的重要组成部分，在马克思主义政治经济学理论体系中占有十分重要的地位。它对资本主义生产力与生产关系辩证关系进行分析研究，从而对资本主义经济关系整体的基本性质、特征以及内在规律进行探索，进而揭露资本主义社会必然为共产主义社会所取代的历史必然性和客观规律性。

马克思认为，资本本身就具有对外扩张的本质，这决定了它随着其自身发展的逻辑，必然会为开拓世界市场而冲破国界，从而形成资本国际化运动。资本国际化的发展是一个进步的历程，它不仅加强了各国之间的紧密联系，更促进了世界经济的增长。然而，探其本质，资本国际化实质上资本积累在世界市场上进行和发展的过程，是剩余价值生产实现的国际化，是资本主义生产方式在世界范围内的扩张。跨国公司作为资本国际化运动的产物和载体，为资本主义在世界范围内的发展带来了巨大的推动力，促进了世界市场的迅猛发展，从而迎来了经济全球化时代。

经济全球化标志着资本主义由国家垄断主义阶段进入了国际垄断主义阶段。随着资本主义生产方式遍布到世界每一个角落的同时，其自身所带有不可调和的局限性和基本矛盾也扩延到了整个世界市场。所以，经济全球化可谓是一柄"双刃剑"，一方面促进了世界市场的迅猛发展，世界经济的快速增长；另一方面也使资本主义的基本矛盾和弊端在世界范围内凸显出来。资本主义基本矛盾的不可调和性和局限性决定了资本主义灭亡的必然归宿，其在世界范围的进一步发展和蔓延也推动了实现社会主义历史进程的步伐。

可以说，马克思的世界市场理论作为马克思经济学理论体系的逻辑归宿，为各民族国家应对经济全球化的挑战提供了现实的理论支撑。因此，我们只有加强对马克思世界市场理论的认识，并与中国时代发展的特征结合起来，才能深刻透视现实，才能与时俱进，从而焕发马克思世界市场理论新的生命力，为共产主义事业添砖加瓦。

本书从马克思世界市场理论的基本思想入手，认真梳理了马克思世界市场理论的形成基础、内容和重要意义；阐述了世界市场的发展历程即从资本国际化到经济全球化的历史进程；分析了当代世界市场出现的新特点；对世界市场的载体——跨国公司的发展进行了阐述；最后，结合我国具有中国特色的社会主义实际，阐述了世界市场理论对我国经济发展的重要指导意义。

第一章　世界市场理论及其实践进程

马克思世界市场理论是马克思政治经济学的一个重要组成部分。它是马克思在前人经济、政治和历史研究基础上继承发展的结果，也是马克思对人类社会步入资本主义阶段的现实反映。

马克思认为世界市场的概念可以从狭义和广义两个角度来论述。狭义的世界市场指的是各民族国家之间以商品交换为主要内容，通过对外贸易和经济合作等方式建立起来的场所和领域。它是在各国国内市场发展的基础上形成的有机整体，是贸易关系突破国界扩延到世界范围内的结果。可以说世界市场与国内市场是包含与被包含的关系，世界市场是国内市场的延伸，而国内市场是世界市场的组成部分。

狭义的世界市场反映的是国际商品交换关系。即任何一个民族国家的国内市场都不是孤立存在的，都是作为世界市场的一个组成部分而存在。而广义的世界市场考察的则是各国资产阶级社会在整个世界经济发展进程中形成的社会总和。它是指各国资产阶级社会冲破国界，从而形成世界范围内资本主义生产方式和生产关系的统一整体。

狭义的世界市场的形成和发展，标志着各国的交换条件开始发生根本性的变化，即由原来的独立的国内生产转变为在世界市场上进行的生产，从而是各国内部的消费转变成在世界市场上进行的消费，进而形成了资本主义生产关系在世界市场的普遍发展。由此，狭义的世界市场促使各民族国家联结为世界范围统一的经济整体，即广义的世界市场。可以说，狭义的世界市场是广义的世界市场形成的根本前提和必要条件，而广义的世界市场则是狭义的世界市场客观发展的直接结果。

第一节　世界市场理论的形成基础

马克思的世界市场理论不仅是对现实社会发展的客观反映，也是对前人研究成果的继承。在这些前人中，包含了各种派别的资产阶级的、空想社会主义的学者，其研究领域涉及到政治经济学、政治学、哲学、历史学等。这些学者及其研究成果都对马克思世界市场理论的形成有着不同程度的影响。其中，影响最大的，当属古典经济学、黑格尔哲学和资产阶级世界主义理论。

一、不同的世界市场观

世界市场概念的起源要追溯到马克思主义诞生之前。那时许多资产阶级经济学家已经对世界市场有了一定认识。英国资产阶级古典政治经济学家威廉·佩蒂在其《政治算术》一书中，曾经描述了17世纪后半期荷兰作为"贸易界的代理人和经纪人"，把从世界各地得到的"当地土产运到本国加工制造，然后甚至又把它运回原产地出售"的情景。同时阐述了荷兰发达的航海业怎样促进对外贸易，对外贸易又怎样促使许多自行经营工业的发展以及把世界上多余的人变成手工工厂的工人。这实际上已经涉及到了世界市场与资本主义的生产关系，以及航海运输业的发展对资本主义生产方式和开拓世界市场的影响。

亚当·斯密在《国民财富的性质和原因的研究》一书

中，描述了资本主义"工商业国"同"无商业的国家"之间国际贸易的不平等，指出资本主义工商业国生产的"少量的制造品，能购买大量的原生产物。所以，工商业国自然以小部分本国制造品来交换大部分外国原生产物；反之，无工商业国家，就大都不得不费去大部分本国原生产物，来购买极小部分的国外制造品。"①这实际上是指工商业国以工业制成品交换非工商业国的初级产品，导致了贸易不平等。

亚当·斯密还根据对当时的国际贸易状况进行考察，提出如果没有广阔的国外市场，那在幅员不大、仅能提供狭小国内市场的国家，或在国内各省间交通不便、而国内某地生产物不能畅销国内各地的国家，制造业就不可能有很好的发展前景。由此可以看出，亚当·斯密虽然没有明确地使用"世界市场"的概念，但"国外市场"已经在一定程度上具有了世界市场的意义，同时，他还强调了国外市场对国内市场狭小的国家或交通基础设施不发达的国家发展所具有的重要意义。

大卫·李嘉图积极鼓吹自由贸易和开拓国外市场。他认为

---

① 亚当·斯密：《国民财富的性质和原因的研究》，商务印书馆1997年版，第244页。

自由贸易有利于实现社会上"最大多数人的最大利益"。他认为，"在商业完全自由的制度下，各国都必然把它的资本和劳动用在最有利于本国的用途上。这种个体利益的追求很好的和整体的普遍幸福结合在一起。由于鼓励勤勉、奖励智巧、并最有效地利用自然所赋予的各种特殊力量，它使劳动得到最有效和最经济的分配；同时，由于增加生产总额，它使人们都得到好处，并以利害关系和互相交往的共同纽带把文明世界各民族结合成一个统一的社会"①。

同时，大卫·李嘉图还谈到了开辟新市场有利于提高利润率，从而有利于资本积累。如果由于机器的改良，或对外贸易的扩张，使劳动者的食物和生活必需品能按相对之前降低的价格送上市场，利润就会提高。如果不自己种植谷物，制造劳动者所用的衣服以及其他生活必需品，而发现在一个新市场里可以用更加低廉的价格取得这些商品的供应，那么工资也会低落，利润也会提高。

大卫·李嘉图发展了亚当·斯密的国际分工论，提出了国

---

① 李嘉图：《政治经济学及赋税原理》，商务印书馆1976年版，第113页。

际贸易的比较成本学说，即每个国家都应专门生产具有相对优势的产品，以相对较低的成本同别国的产品进行交换。这个学说被后来的资产阶级经济学家竭力推崇，并被看成是支配国际贸易的永恒"规律"。然而，这个学说却完全掩盖了在世界市场上强国通过国际贸易进行剥削和掠夺弱国的事实。它反映了当时资产阶级对外扩张和建立世界霸权的意愿。大卫·李嘉图认为，经济落后的国家和地区成为发达国家工业品的销售市场和原料基地，则是"自然禀赋"。他完全抹煞了落后国家和地区经济的片面发展是由历史原因形成的，主要就体现在发达资本主义国家长期以来经济侵略。

法国古典政治经济学的代表人，西斯蒙第首先明确地提出了"世界市场"概念，继而探讨了国内市场和世界市场的关系。他认为，由于财产集中到少数私有者手中，国内市场就必定会日益缩小，工业的发展就必定需要寻求国外市场，因而该国的工业就要受到更大的波动和威胁。现在资本主义生产之所以还能够得以发展，主要就是依托于国外市场的存在。不过随着资本主义的发展，求助于国外市场愈来愈多，这样一来世界市场就越来越少，最终使产品实现问题成为不可克服的困难。

他认为，一切生产超过消费的国家一直注视着这个国外市场。

但是，自从航海发达，陆路开通，安全有了进一步保证以来，人们开始意识到，世界市场和从前各国的国内市场同样的狭小；一切生产者向国外出售的普遍信誉，几乎使各地的生产都超过了需求；某个国家的生产者向另一国家的消费者提供了廉价货物，同时也就等于他们对这个国家的生产者宣布了死刑。"整个文明世界完全变成了一个市场，这时，这一个新的国家里再也找不到新的顾客。而世界的普遍市场的需求是各个不同的工业国家所争夺的精神数量。一个国家供应得多些，就会损害另一个国家。"①

西斯蒙第的伟大功绩在于明确提出世界市场的概念，指出了资本主义生产的盲目增长必然导致同国内市场、世界市场有限性的矛盾激化，论证了资本主义制度下生产过剩危机的必然性，但是他不了解生产和消费矛盾的性质，也不了解这种矛盾只是从属于资本主义基本矛盾。他没有从生产关系中去寻找产生经济危机的根源，而是天真地认为，国内市场，只有在国家繁荣、国民收入增加以后才能扩大，这个道理在世界市场上无

---

① 西斯蒙第：《政治经济学新原理》商务印书馆1983年版，第9页。

论是对那些要向外国推销本国货的国家来说，或是对那些准备经营世界贸易的国家来说，都是千真万确的：只有世界繁荣起来，整个世界的市场才能扩大。这无疑带有一些空想色彩。而且，群众消费不足乃是一切剥削阶级社会所共有的现象，然而在奴隶社会和封建社会中并没有发生过生产过剩的经济危机，所以只是消费不足不可揭示资产阶级社会产生经济危机的其他原因。

列宁认为世界市场是资本主义广阔发展的、超出国家界限的商品流通的结果。因此，没有对外贸易的资本主义国家是不能设想的，而且的确没有这样的国家。资本主义之所以需要世界市场，是因为与一切受村社、世袭领地、部落、地域或国家的范围所限制的旧的生产方式相反，资本主义生产具有无限扩大的趋向、无限扩大和永远前进成为生产的规律。虽然列宁没有专门研究世界市场，但列宁十分透彻地研究了资本主义发展到帝国主义时期的经济与政治，提出了帝国主义五大经济特征，而这五大特征的每一条，都与资本主义开拓世界市场有着重大的关联。

列宁还注意到，在其所处的垄断资本主义阶段，资本向全球扩展已经发展到比较高级的形式，除了商品输出外，资本输出已经初具雏形，尤其是借贷资本输出具有相当规模，这样世界市场有了进一步发展：除了世界商品市场继续扩展以外，世界借贷资本市场也发展起来。而且由于商品、资本输出往往成为发达国家奴役不发达国家的工具，从而造成世界范围的反帝国主义、反殖民压迫的斗争。这样，随着世界市场的发展，资本主义的社会矛盾也逐渐凸现出来。

斯大林创造性地提出资本主义和社会主义两个平行、对立的世界市场概念。他认为，"第二次世界大战在经济方面的最重要的影响，应当是统一的无所不包的世界市场的瓦解。这个结果决定了世界资本主义体系总体危机的进一步加深"①。二战后，中国和欧洲各人民民主国家都脱离了资本主义体系，和苏联一起形成了统一的和强大的社会主义阵营，并与资本主义阵营相对立。这两个对立阵营的存在所造成的经济结果，就是统一的无所不包的世界市场瓦解了，因而现在就有了两个平行的也是互相对立的世界市场。社会主义阵营中的各国在经济上结合起来，并且建立了经济上的合作和互助。这种合作的基

① 《斯大林选集》（下），人民出版社1979年版，第561页。

础，是互相帮助和求得共同经济高涨的真诚愿望。结果，在这些国家中便有了高速度的工业发展。在这样的工业发展速度之下，很快就会使得这些国家不仅不需要从资本主义国家输入商品，而且它们自己还会感到必须把自己生产的多余商品输往他国。从而使得各主要资本主义国家夺取世界资源的范围，将不会扩大而会缩小；世界销售市场的条件对于这些国家将会恶化，而这些国家的企业开工不足的现象将会增大。世界市场的瓦解所造成的世界资本主义体系总危机的加深就表现在这里。

有人认为，斯大林的上述论断是自马克思以来经典作家关于世界市场问题的最重要、最富有启示性的论断。因为它在基本原理方面完全符合马克思主义的理论体系。有人则从中国的改革开放实践出发，认为应当抛弃过去那种所谓的"两个平行市场"的错误观点。还有一种折中观点，认为战后许多国家走上了社会主义道路，这表明世界市场上存在着社会主义和资本主义两种经济体系，但并不意味着出现了两个世界市场。因此，不能用社会主义经济体系的出现来否定世界市场的统一性。实际上，自20世纪60年代以来，社会主义阵营的日渐瓦解以及20世纪80年代以来苏联解体已经在事实上否定了斯大林的论断。而且中国正是通过改革开放，加入资本主义主导的世界市场，才在极短的时间内得到了社会主义建设所急需的资金、技术和管理经验，社会稳定，经济蒸蒸日上，人民群众生活水平有了很大提高，综合国力逐渐增强，社会主义表现出了强大生命力，从而成功抵御了西方发达国家的各种压制，经受住了国际共产主义运动走向低潮的考验。因此，撇开资本主义市场，不能知己知彼，取长补短，这犹如闭门造车，结果将不堪设想。

二、古典经济学关于世界市场的论述

马克思世界历史理论是在继承和批判古典政治经济学相关理论的基础上建立起来的。第一，古典政治经济学中关于世界市场的研究构成了马克思世界历史理论中作为主体内容的世界市场理论的直接理论来源，在马克思看来，关于经济领域的研究是探索世界历史进程的基本动力。国际贸易作为世界市场的主要活动方式，是古典政治经济学家研究的主要问题。该理论虽然错误地认为对外贸易不能创造价值，但把商品、劳动、资本、市场等的考察放在世界经济的大背景下进行研究。同时，古典政治经济学经典的"比较优势理论"主要研究的是资本跨国流动的问题。它认为，在世界市场中，资本和劳动只会向其用较低的成本创造出较高的产品价值的国家流动。该理论至今仍是当今世界经济运行的基本原则。著名的古典政治经济学家大卫·李嘉图认为，"金银已被选为一般的流通手段，所以商业竞争使它们在世界各国之间分配比例适应于假如没有这两种金属存在、各国间的贸易纯然是物与物交换时所出现的那种自然贸易状况"[①]。马克思在构建自己的世界市场理论时直接采纳了这一观点，他认为"货币作为脱离流通并和流通相互对立的独立物，否定了货币作为铸币的性质。货币重新作为金银出现，而不管它是被融化为金银，还是只按它的金银重量来估价"[②]。也就是说，"它再度丧失了它的民族性，而充当各国之间的交换手段，充当普遍的交换手段"[③]。

第二，古典政治经济学家关于殖民理论方面的研究主要

---

① 大卫·李嘉图：《政治经济学和赋税原理》，转引《马克思恩格斯全集》第44卷，人民出版社1982年版，第74页、第76页。

② 《马克思恩格斯全集》第46卷（上），人民出版社1979年版，第176页。

③ 《马克思恩格斯全集》第46卷（上），人民出版社，1979年版，第176页。

是从资产阶级的利益出发，单一、片面地强调开辟殖民地对宗主国的利益和重要性以及殖民制度给殖民地国家带来的好处，而关于殖民制度对殖民地国家人民所造成的精神压榨和经济损害只字不提。马克思对此理论进行了批判和超越，构成了他的世界历史理论的重要内容。他一方面认同殖民制度给殖民地国家带来了积极的作用和历史影响；另一方面他控诉"资本来到世间，从头到脚，每个毛孔都滴着血和肮脏的东西"[①]。他对英国在印度的统治是这样形容的，"英国在印度要完成双重的使命：一个是破坏的使命，即消灭旧的亚洲式的社会；另一个是重建的使命，即在亚洲为西方式的社会奠定物质基础"[②]。由此可以看出，马克思关于殖民制度的"进步"和"阻碍"作用的客观评价，不仅是对古典政治经济学的殖民理论的批判继承，更是对它的超越。

第三，马克思通过对古典政治经济学家关于传统民族国家合法性方面理论的解读看清了国家合法化手段由传统到现代的转换，并把这种转换与世界历史的形成和发展联系在一起，

① 《马克思恩格斯全集》第2卷，人民出版社1995年版，第266页。
② 《马克思恩格斯全集》第1卷，人民出版社1995年版，第768页。

认为资产阶级为应对世界市场的竞争是造成这种转换的根本原因。一个国家的合法性是通过一定的合法化手段而获得的，然而现代国家即资本主义国家的合法化手段与传统民族国家的合法化手段是截然不同的。传统民族国家主要是通过神授天命、血缘纽带或者是暴力等手段来实现其国家合法化的，而国家经济仅仅是作为全部国家事务中的一个部门，从属于国家本身。现代国家则不然，它把其政权的合法性等同于能给国民带来的最大可能的、最小风险的经济利益，"把国家经济提升为国家的本质和目的"[①]。然而，现代国家即资本主义国家其获取剩余价值的本质使得他们把资产阶级的经济利益伪装成整个国民的利益，可以说，"现代的国家政权不过是管理整个资产阶级的共同事务的委员会罢了"[②]。

由此可见，古典政治经济学奠定了马克思世界历史理论的基础。为此，恩格斯曾高度评价到，"在古典政治经济学著作里所阐述的一切规律，只有在贸易的一切束缚都被解除、竞争不仅在某一个国家内，而且在全世界范围内获得绝对自由的前

---

① 《马克思恩格斯全集》第1卷，人民出版社1995年版，第35页。
② 《马克思恩格斯全集》第2卷，人民出版社1995年版，第274页。

提下，才是正确的。自由贸易实行得愈广泛，亚当·斯密、萨伊、李嘉图所阐述的这些支配物质财富的生产和分配的规律就愈加灵验、愈加准确、愈不会是空洞的现象……因此我们完全有理由说，古典政治经济学家如李嘉图等人，对于未来的社会比对于现存的社会知道得更清楚。他们对于未来比对于现在了解更多"①。

三、黑格尔世界历史理论

在马克思的早期理论生涯中，经济学和历史学研究固然占有一定分量，但其研究的重心还主要是在哲学领域。马克思一开始钻研和接受的就是黑格尔的哲学，尤其是黑格尔的法哲学和历史哲学。马克思世界市场理论作为世界历史理论的主要内容，它的形成一定程度上就源于对黑格尔世界历史的研究。

黑格尔和费尔巴哈的哲学开创的理论体系特别是唯物史观也奠定了马克思世界历史理论形成和发展的基础。黑格尔首先将人类历史当作一个矛盾的整体进行研究，这一点与马克思世界历史理论是一致的。此外，他认为整个世界一直就存在着

---

① 《马克思恩格斯全集》第4卷，人民出版社1958年版，第294页。

一部"世界历史"，这部历史的发展过程体现在以人类文明为载体从东方向西方的迁移的过程。然而黑格尔所指的人类文明实质上是西方文明的代名词，尽管他广泛地考察了很多民族，但他的"世界历史"不外是西方精神由东方向着西方回归的历史，其实也就是西方文明的发展史，其世界历史理论的本质可以看成是彻底的欧洲中心论。这与马克思世界历史理论在理论基础上就是直接对立相悖的。

首先，马克思认为世界历史不是从来就有的，在资本主义产生之前，各传统民族国家基本上都是相对独立发展，彼此之间没有贸易往来，所以构不成一个完整的世界，而在资本主义产生之后，剩余价值的追求，资本对外扩张的需求以及三次科学技术革命的发生促进了生产力的发展，促进了世界范围内各民族国家的贸易和往来，加强了各民族国家和地区之间的紧密联系和相互影响程度，从而推进了单独的民族国家的历史开始向世界历史发展。

其次，黑格尔的世界历史理论是用一种哲学本体论性质的"世界精神"为依据，是建立在唯心主义基础之上的，黑格尔指出"世界历史自身本质上是民族精神或国家精神的辩证法"；它的"历史性形态上的变迁是和国家相互连接而不可分解的"①。这与马克思的唯物史观是相悖的。马克思从客观现实出发，在世界历史的大背景下对人类由古至今的自然历史进行考察、研究，从而总结出世界历史进程是在客观发展的必然趋势，并且随着世界历史进程的发展，各民族国家和地区也会融为一体，最终实现共产主义。所以可以说马克思世界历史理论是建立在唯物史观基础上的，也是马克思唯物史观中重要的内容。

四、世界主义理论

西方学者关于世界主义的理论对马克思世界市场理论的形成和发展也产生了巨大影响。世界主义从其本质上讲即是摒弃民族的偏见和狭隘性，把各民族国家和地区当作一个整体，不偏不向。马克思和恩格斯也是在这种意义上把自己称作是"世界主义者"②的。然而由于"世界主义"本身就是一个极容易发生歧义和抽象的词语，大多数西方学者借此为维

---

① 黑格尔：《历史哲学》，三联书店1956年版，第87页。
② 《马克思恩格斯全集》第42卷，人民出版社1979年版，第393页。

护自己的利益而把自己的理论称之为"世界主义"进而歪曲其本来的含义。

马克思站在唯物史观的基础上，代表广大无产阶级的利益，对西方学者即资产阶级的世界主义理论进行了分析和批判，促进了马克思世界历史理论的形成。第一，马克思认为，资产阶级的世界主义理论是建立在唯心哲学基础上的。他们打着"世界主义"的幌子把抽象的"人"或者"理性"等当作是世界的本源，把他们幻想出来的产物强加在其他民族国家中，把他们的特殊性当成是整个世界的普遍性。第二，资产阶级的世界主义理论以"博爱主义"为旗号，维护自己的利益。他们为了满足资本对外扩张的需求强力推行世界贸易和世界市场的发展，在这一过程里，他们为了掩盖剥削无产阶级、榨取剩余价值的本质，提出"否认民族差别，致力于缔造一个伟大的、自由的、联合的人类"[1]的口号，而这种所谓的自由和联合不过是资本的自由和联合，各种贸易保护主义和壁垒揭穿了他们的谎言。这种现实和理想的相悖促使他们打出"博爱"的招牌，并用它欺骗和麻痹其他落后

---

① 《马克思恩格斯全集》第41卷，人民出版社1982年版，第149页。

民族国家。此外，资产阶级的世界主义理论体现出他们实质上是民族精神的自大狂。恩格斯曾指出，如果不根据客观实际，单纯抽象地谈论世界主义，那么每个国家都有理由称自己为世界主义者。

在马克思看来，真正的世界主义是资本主义诞生后的产物，恩格斯也提出，"我们根本否认强加在革命前的法国身上的世界主义的性质"①。世界主义是需要客观实际和物质基础作为基础而出现和发展的。英国建筑的铁路、发明的蒸汽机比各种空想和幻想更具有说服力，从这个角度来看，英国比法国更有资格称之为世界主义者。所以狂妄地打着"世界主义"的名号把自己民族的特性当成是整个世界的普遍性的资本主义国家可以说是唯心的，是彻头彻尾的民族主义者。

马克思世界市场理论继承了世界主义摆脱民族狭隘性和民族偏见的合理成分，同时把这种合理成分建立在生产力和生产关系的矛盾运动的基础上，并坚持认为只有无产阶级的国际主义才是历史发展迄今为止的最高成果。

---

① 《马克思恩格斯全集》第42卷，人民出版社1979年版，第393页。

第二节　世界市场理论的主要内容

一、世界市场产生的根源

马克思认为，世界市场的形成和发展是一个客观发展的自然历史进程，也可以说是多种因素综合作用的结果。首先，世界市场是社会生产力高速发展的客观发展要求和必然趋势。生产力是社会发展进步的根本动力，马克思在生产、分工、交换和市场这一连锁反应的链条中，把生产环节视为整个链条的起点，认为世界市场产生和发展的根本动力应该是社会生产力的高速发展。也就是说，生产力的进步促进了社会分工的发展，而分工的发展又促使交换领域的扩大，交换领域的扩大最终推动了市场的拓展。当生产力的高度发展促使社会分工开始突破国界，从而使交换领域向国际化趋势发展，真正意义上的世界市场雏形就形成了。可以说，如果没有发达的生产力作为根本动力，资产阶级就不会也不可能开拓世界市场。随着生产力的高速发展，国际分工也在日益深化和发展，从前的工场手工业已无法满足社会生产力迅速发展的客观需要，由此，机器大工业开始代替了手工业时代，资本主义生产方式也开始成为占统治地位的生产方式，从而使由资本主义生产方式主导的世界市场也逐步建立并发展起来。其中，机器大工业的出现对世界市场的形成和发展起到了决定性作用。机器大工业发展的客观需求要求世界市场的出现，也只有建立了世界市场，机器大工业才能彻底摆脱家庭作坊式的狭窄的工业发展之路，生产的产品才能在更加广阔的市场上进行销售，从而达到实现其价值和获取剩余价值的目的。反之，狭窄的市场空间只会越来越阻碍大工业的发展，同时也使生产的产品过剩，经济危机将成为可能与现实。可以说，如果没有生产力的进一步发展和机器大工业的推动，市场就只会局限在一国或者一个地区范围内，那么，世界市场的形成与建立也就无从谈起。由此可以看出，世界市场的产生是社会生产力和国际分工不断发展的结果，是机器大工业生产的客观要求。所以，世界市场的产生可以说是一个历史范畴，是人类历史发展到一定阶段的结果，是生产力发展的客观要求，其本身具有客观性和不可逆转性。

其次，世界市场是资本扩张的结果。马克思认为，世界市场产生的直接动力就在于资本不断扩张的本性。资本天生就具有的对剩余劳动的追求和扩张的冲动，促使资本一直处于不断的膨胀状态，使以资本为基础的生产环节处于一种不断扩大的运动态势中，并逐渐走向世界市场。随着资本在国内市场上日益取得主导地位，国内市场也就逐渐容纳不了资本而成为资本进一步发展的障碍。不断扩张的本性促使资本突破国家和地区的界限开始走向世界，也就是打破了一切狭隘闭塞的自然经济基础，使资本主义的生产、分配、交换和消费等环节开始走出国界走向世界市场。随着与资本相适应的生产方式推广到全世界，资本主义生产方式日渐成为占统治地位的生产方式，资本主义的生产关系也开始在世界范围内呈现出来，并遍布到世界上的每一个角落。由此可以看出，世界市场是资本主义生产方式客观发展的历史产物，可以说，创造世界市场的趋势早就已经蕴含在资本主义生产方式中，或者说，对外贸易和世界市场既是资本主义生产的前提，又是资本主义生产的结果。世界市场作为流通领域和销售场所，是由资本主义生产方式决定的，它的发展和扩大归根到底是由资本主义生产力高度发展所决定的。可以说，如果没有资本主义生产方式下的商品生产，就不会存在产生开拓世界市场的必然需求，自然也不会产生世界市场和世界市场的进一步发展扩大。总之，世界市场的产生是资本主义生产方式进一步发展的结果。作为最主要的流通领域的世界市场，商品销售情况如何，直接关系到资本主义的商品中所包含的剩余价值是否能够实现和取得，即关系到资本主义剥削和压榨的实现程度高低，因而可以看出，世界市场是资本主义生产得以持续进行的关键环节。所以，世界市场的形成发展从本质上来讲是由资本主义生产力决定的，但其也是资本主义生产方式不断扩张的必然产物。

第三，世界市场是市场经济发展的客观要求。在资本主义社会之前，尽管已经开始出现商品经济，但自然经济仍长期占据统治地位。经过人类历史上的三次商品经济的"解体作用"，古代世界从以生产直接生活资料为目的的奴役制，开始转化为以创造剩余价值为目的的奴役制，从而，人类社会开始发展到了资本主义社会，商品经济开始占据统治地位。由于社会化大生产的快速发展，需要庞大的商品销售市场和广阔的原料产地，而在世界范围内进行调剂各种物资余缺，就可以有效地使国与国之间的生产和消费紧密结合起来，这种土地和劳动力等要素的商品化过程，商品普遍化的顶峰就是资本主义的市场经济。资本主义的经济体制是市场经济体制，而现代的市场经济包含两个不可分割的内容：一方面是经济市场化，市场机制是资本主义配置资源的重要手段；另一方面是市场国际化，市场经济的快速发展客观要求突破狭隘的国家界限，使商品、技术、资金等生产要素可以在世界市场上自由流动，从而以实现各种生产要素在世界范围内的优化组合，这与世界市场在本质上是一致的。可以说，世界市场不仅是商品、技术和资金等的流通国际化的过程，还是市场经济开始走向世界的过程，市场经济作为世界市场形成和发展的推动力之一，还为世界市场的发展扩大提供了体制保障。从某种意义上讲，世界市场的形成和发展过程就是市场经济全球扩张势力，并最终占据了统治地位的过程。世界市场是市场经济体制的世界化和国际化，也只有市场经济得以充分发展，才能促进一个真正意义上的无所不包的世界市场体系的最终形成。

第四，世界市场是需求不断增长的结果。需求作为贸易的内容，也是贸易实施的动力。随着社会生产力的发展，社会需求在不断扩大，市场就逐渐变得相对狭窄了，这就促使市场从地方区域逐步扩展到整个世界范围内，所以，需求可以称之为是世界市场得以建立和发展的条件之一。在17世纪，商业和工场手工业都势不可挡地集中于一个国家——英国。这种集中逐渐地为这个国家创造了相对的世界市场，因而也就造成了对它的工场手工业产品的必要需求，这种需求是旧的生产力所不能满足的。那么，这种超过了当前生产力的客观需求就成为了促使私有制发展的第三个时期的动力。在17世纪和18世纪，英国先后击败了荷兰和法国等国家，率先正式确立了其世界殖民大国的霸主地位，并拥有了世界上独一无二的大市场，这样的优越条件也为英国的商品经济日后的发展带来了强有力的后劲。随着海外市场的不断扩延，英国原有的工厂手工业的生产能力已不能满足这样的相对的世界市场的客观需求，所以，为了克服这一矛盾，英国在世界上率先发动了工业革命。可以说，需求是其中一个非常重要的条件，正是在需求的带动和刺激下，资本主义的生产方式才可以在欧洲确立统治地位，从而也使世界市场的开拓和发展成为资本主义国家与资产阶级的重要任务。需求总是在增加，市场总是在扩大，同时扩大的需求又会要求开发新的市场，而市场本身就在创造着需求，旧的需求就会被新的需求所代替。旧的需求是用国内的商品就可以满足的，而新的需求却是需要那些非常遥远的国家和地区的产品才能得以满足，可以说，世界市场就是在这样的一种不断需求中扩大和发展起来的。

二、世界市场的本质和开拓方式

世界市场本质上在于资本无限扩张的结果。资本的本性就是无限的扩张以达到最大限度地攫取剩余价值和利润的目的，可以说，它天生就具有一种超越民族和国家的、去最大限度牟取更多剩余价值的冲动和欲望，这使其始终处于不断膨胀和不断扩大的运动过程中。

随着资本自身不断的发展，并逐渐在国内市场占据统治地位后，国内市场就会变得相对狭小从而阻碍了资本的进一步扩张，于是，资本便按照其自身的发展逻辑，突破国家的界限，开始走向世界的舞台。资本的进一步发展及其扩张本身也经历了一个历史过程，而这个过程与世界市场形成和发展的过程可谓是密切相关。也正是在这一过程中，资本逐渐扬弃其原本的自然属性，并开始增强其能动性以及对市场的占有能力，从而使资本主义的生产获取更加广阔的发展空间。最后，资本暂时满足了其扩张的本性，将与之相适应的资本主义生产方式在世界范围内得以广泛传播，由此世界市场得以形成并发展壮大起来。此外，马克思认为当时资本主义拓展世界市场的方式可以归纳为以下三种：

首先，通过建立殖民地与移民的方式。从上述内容中，我们可以看出，资本主义世界市场的形成和发展过程，其实质就是资本主义国家通过强占殖民地和半殖民地国家市场，并将殖民地半殖民地人民强行纳入其资本主义市场体系内部的过程。发达资本主义国家将殖民地看作是廉价原材料的供应地，进行长期的霸占和掠夺，使其发展成为主要生产初级产品的殖民地商品经济市场。通过这些方式，一如乡村依赖于城市一样，资产阶级使东方落后的和半开化的国家依赖于西方文明国家，使无产阶级的民族依赖于资产阶级的民族。

殖民地的扩张和发展对于资本主义国家的巩固和发展起了重要的推动作用，马克思认为，这种以暴力和剥削为特点的殖民制度的扩张对新生的资产阶级的发展至关重要，它极大地促进了其向资本主义生产方式转变的步伐，资本主义生产关系也正是通过对其他落后国家的殖民统治才得以向外扩展。殖民扩张对殖民地和半殖民地的经济、政治、文化等都产生了非常深远的影响：一方面，它破坏了殖民地半殖民地国家旧的生产方式，摧毁了当地的自然经济，从而使殖民地半殖民地国家遭受了殖民国家的掠夺和奴役；另一方面，它也负有建设性的使命，也就是为西方文明式的社会发展奠定物质基础，并将现存的这种野蛮的、闭关自守的和与文明世界隔绝的状态打破。同时，西方发达资本主义国家的移民对世界市场的形成和发展也起到了重要作用。英国自17世纪开始向北美、澳大利亚以及新西兰等新大陆进行大量移民，此后进入到18世纪后期，移民规模日益庞大。1830年，英国向海外的移民已经达到了6万人，1842年，达到13万人。1849年，美国加利福尼亚发现了特大金矿，这促使当年离开英国的人数竟达到了30万人。可以说，外来移民为新大陆诸国的工业化发展提供了大量劳动力，同时，也带来了先进的科学技术和生产方法。换句话说，这实质上就是欧洲科学技术的大转移和大"搬家"，可谓是新大陆一次天然的科学技术引进。移民涌入新大陆的历史过程，也是新大陆诸国的资本主义在广度和深度上日益发展的过程。从资本主义横向发展来看，发达的资本主义力图向其他地区扩张，移民开垦世界上新的地区，建立殖民地，把未开化的地区卷入世界资本主义的█涡。

其次是通过奴隶贸易的方式。奴隶贸易为早期资本主义原始积累提供了充足的资本，为资本主义生产方式的最终确立和发展做出了重要贡献，因此，当时的资本主义国家都曾经进行过奴隶买卖，奴隶贸易在当时繁荣一时。这种建立在奴隶痛苦和牺牲基础上的生命与金钱的交换促进了资本主义生产的发展，同机器、信用等一样，直接奴隶制是资产阶级工业的基础。没有奴隶制就没有棉花；没有棉花现代工业就不可设想。奴隶制使殖民地具有价值，殖民地产生了世界贸易，世界贸易是大工业的必备条件。因此，奴隶贸易客观上促进了欧洲与亚洲、非洲间的经济与文化的交流，刺激了这些国家商品经济的发展，更多的是给奴隶及奴隶输入国带来了不幸与灾难。但是，奴隶贸易对资本主义国家经济的影响更是意义深远，它也是资本主义国家开辟世界市场的一种方式，为资本主义的发展提供了劳力与资本，使建立在奴隶劳作基础之上的对外贸易迅猛发展，也极大地丰富和促进了其国内经济的发展和繁荣。

　　此外，马克思认为，世界市场的交易方向主要体现为少数资本主义国家向殖民地、半殖民地国家和地区进行商品输出，实行不等价交换。资本主义国家依靠船坚炮利，迫使闭关锁国的封建王朝打开国门，开放市场；或建立殖民地，以大规模输出商品的方式占领世界市场，这是在自由资本主义时期经常采用的方式，那时的资本输出还处于初步发展的阶段，到了垄断资本主义时期，资本主义国家仍然经常借助于武力促进商品的输出，但除了商品输出之外，更多地采取资本输出的方式去占领世界市场，即使到了国家垄断资本主义时期、国际垄断资本主义时期，由于各资本主义国家靠武力开拓世界市场越来越受到阻碍，商品输出仍然是资本主义国家占领世界市场的重要方式之一。

　　以上是马克思所论述的资本主义开拓世界市场的方式。其实在资本主义生产方式不断扩展的过程中，开拓世界市场的方式是不断变化的。在自由竞争资本主义时期，资产阶级主要依靠建立殖民地和商品输出来开拓世界市场；在垄断资本主义时期，资产阶级主要依靠列宁所概括的帝国主义的"五大特征"和战争来开拓世界市场；在二战后国家垄断资本主义时期，资产阶级则主要依靠国家垄断、科技革命和跨国公司来开拓世界市场。虽然资产阶级变换开拓世界市场的方式不一定是自觉的，却是非常有效的：它促进了资本主义生产力的发展，使一度濒临垂死的资本主义不断获得生命力。但无论资产阶级如何改变与调整开拓世界市场的方式，其开拓世界市场的动机并没有改变，世界市场的本质也没有变化。

三、世界市场发展的总体特征

马克思认为，资本成为世界资本后世界市场发展的整体性特征是不变的。人类在经历了漫长历史发展之后，逐渐形成许多不同的民族。随着资本主义的诞生，物质生产力的飞速提高，那些原本闭关自守的国家，都因生产、分工、交往等开始逐渐有了密切的联系，各民族从此相互依赖、相互影响。首先，马克思认为，在资本主义时代，民族国家的发展与世界市场的发展密切相关，民族国家不能摆脱世界市场而独立发展。其次，马克思认为，资本主义生产力的高度发展，拓宽了市场，扩大了交往，极大地促进了各民族国家的发展。但是在一些情况下，由于世界市场激烈的竞争，可能导致落后地区、国家的倒退。不过总体上来看，世界市场使得最先进的生产力在世界范围内传播，它的促进作用仍是占主导地位的。世界市场是资本主义发展到一定阶段的产物，它作为一个整体，一个资本主义经济发展的必然产物，任何民族、国家要想谋求发展，必须在世界市场运动的规律下进行。

（一）世界市场的发展具有周期性

在马克思看来，资本世界化后世界市场发展具有周期性的特征。世界市场的发展之所以具有周期性，是因为世界市场与资本主义经济危机不可分离，而经济危机的爆发呈现周期性。资本主义经济危机是资本世界化后的特有产物。人类社会的根本矛盾发展到资本主义阶段表现为社会化大生产与资本的私人所有制之间的矛盾。一方面，个人的生产资料变成许多人共同使用的社会化生产资料；另一方面生产资料和产品却由资本家私人占有。随着生产力的发展，生产资料并没有正常地发挥作用，大量被闲置，大量商品卖不出去，大批生产企业、商店、银行破产，大批工人失业，生产迅速下降。整个社会生活陷入混乱。资本主义经济危机因此诞生。

经济危机是资本主义内部不可调和的矛盾，这个矛盾是社会化大生产的必然产物，所以，经济危机和世界市场是不能孤立存在的，经济危机离不开世界市场。马克思谈论资本主义经济危机时，也从来没有离开过世界市场。他指出，现代的大工业只有在不断扩大，不断夺取新市场的前提下才能存在，大量生产的无限可能性，技术的时常更新和不断完善以及由此产生的资本和劳动力的不断排挤，迫使现代的大工业非这样不可。在这里，任何停滞都只是破产的开始，但是，工业的发展取决于市场的扩展，在当前的发展阶段上，工业所带来的生产力的增大，远比市场扩大的速度快很多。于是便产生周期性的危机。可见，经济危机周期性的爆发与世界市场有密切的关系。在马克思看来，经济危机的根源在于资本主义的基本矛盾，而不是世界市场，但是世界市场是在资本主义条件下发展壮大的，所以，在世界市场条件下，经济危机不能消除，并周期性的爆发。虽然经济危机不可消除，但是它能够通过各种途径将危害降低到最小，或暂时使之摆脱困境，从而走向繁荣。

马克思曾提出，当扩大生产超出现有市场消化能力的时候，危机就产生了，破产和贫困随之而来。曾经发生过不少这样的危机，但是由于开辟了新市场或更好地掌握旧市场，以及通过降低生产费用都安然渡过了。可见，资本主义经济危机即使是爆发也可以通过下列途径或方式将危害降低到最小，或是从危机中脱身出来。一是开辟新市场。二是更好地利用旧市场，即在现有市场上开辟新的生产部门或消费领域。三是降低生产成本。以上三种方式使得资本主义各生产要素得以重新调整。但是这个调整是在以世界市场存在为前提的情况下进行的。世界市场能够使资本主义在全世界范围内对产业结构和国际分工加以调整，从而起到缓解经济危机的作用，并且促进整个资本主义的发展，以致重新走向繁荣。总之，资本主义经济危机周期性的爆发与世界市场是密不可分的，一旦爆发危机，世界市场同时受到影响，这是由生产的社会性决定的，也是由世界市场的整体性决定。因此说，世界市场的发展具有周期性。

（二）世界市场的发展具有不平衡性

马克思认为，世界市场的发展具有整体性，随着生产力的进步，分工的扩大，交往的密切，民族国家将日趋消失，世界市场将日趋成熟。马克思指出资本成为世界资本后世界市场呈现出不平衡发展的趋势，这是在世界市场形成之初就注定的。

世界市场最初的开拓方式不外乎殖民扩张、商品交换、奴隶贸易这三种方式。有学者称，资本主义的发家史，就是亚、非、拉民族的血泪史。以英国为首的资本主义国家，在完成工业革命之后，大肆向海外殖民扩张，建立殖民地、半殖民地，掠夺当地原材料，初级产品。这些沦为殖民地、半殖民地的国家或地区，原本就没有与传统的生产方式脱离，属于不发达地区，自从沦落为资本主义国家的附属国后就处于更加落后、更加被动的地位。世界市场形成之初，交易方向表现为少数资本主义国家向殖民地、半殖民地国家和地区进行商品输出，实行不等价交换，资本主义国家依靠武力打开封建王朝的大门，或建立殖民地，或者进行大规模的商品输出，使其成为自己实现资本扩张的原料掠夺地或销售市场。奴隶贸易更是资产阶级抢占世界市场最直接、最残酷的手段。

随着资本主义生产方式的改变，资产阶级抢占世界市场的手段也不断变化，但是，其最大可能地攫取剩余价值的贪婪本性并没有改变。直到历史发展到21世纪的今天，以跨国生产为特征的全球化，世界市场发展不平衡的现象依旧没有被打破。世界市场内商品跨边界的流动是不均衡的。一些国家产生贸易盈余，一些国家就必定出现贸易赤字，霸权国家由于其在世界市场上占主导地位的生产能力，使其不断获得信用，并在世界市场上享有特权。世界市场新的不平衡性体现在，富有国家或地区成为世界经济中最贫困国家或地区最大的债务人。世界市场的发展从自由资本主义时期到现代从来没有出现过平衡，这种不平衡是资本主义生产方式所固有的矛盾和局限性造成的。总之，在马克思看来，世界市场的发展是一种不平衡的过程。

四、世界市场的作用

世界市场的形成和发展促进了资本主义生产力和大工业的向前发展，一定程度上缓和了资本主义基本矛盾；同时，世界市场的产生和发展并不能从根本上消除资本主义基本矛盾，随着资本主义生产力的进一步发展，世界市场无法满足资本主义生产的无限扩张，危机不可避免，从而为共产主义代替资本主义准备了物质基础和阶级条件。

（一）世界市场促进了大工业的发展和上层建筑的变革

一方面，世界市场促进了大工业的发展，一定程度上缓和了资本主义基本矛盾。世界市场是资本主义生产方式的基础和生活条件，对资本主义生产方式起了重要的推动作用，促进了大工业的发展。世界市场引起了商业、航海业和陆路交通工具的大规模发展。这种发展促进了工业范围的扩大，为大工业提供了更为广阔的发展空间，使它在尽可能大的范围内利用廉价原材料及工人进行生产，又可以将其产品销售到世界各个角落，赚取更多、更丰厚的利润。大工业与世界市场二者是相辅相成、互相促进的关系，谁也离不开谁，当世界市场产生之后，大工业的发展要受到它的制约。正是由于世界市场的产生和发展促进了资本主义社会生产力的大幅度提高，为资本主义生产的发展提供了更加广阔的空间，所以在一定程度上它也缓和了资本主义基本矛盾。虽然由于生产过剩和过度的投机活动而发生了危机，可是国内生产力和世界市场的容量毕竟增长到了非常高的程度，以致它们只是暂时离开已经达到的最高点，经过持续几年的若干波动以后，在一个商业周期里繁荣鼎盛点所达到的生产水平就成为下一个时期的起点。

另一方面，世界市场和大工业的发展引起了上层建筑的变革，扩大和强化了资本主义在世界范围内的影响。世界市场和大工业的发展也引起了上层建筑的变革，当资产阶级在经济上占据了统治地位以后，必然会争取政治上的权力与统治地位。资产阶级开创了世界历史，力图将整个世界都纳入资本主义生产关系体系之中，让一切都要服从新兴资产阶级及资本主义制度发展的需要：大工业通过普遍的竞争迫使所有人的全部精力极度紧张起来。只要可能，资产阶级就消灭意识形态、宗教、道德等，而当它不能做到这一点时，它就把它们变成赤裸裸的谎言。它使自然科学从属于资本，并使分工丧失了自然性质的最后一点痕迹。它把自然形成的关系一概消灭掉，把这些关系变成金钱的关系。它建立了现代化大工业城市来代替从前自然成长起来的城市。凡是它所渗入的地方，它就破坏了手工业和工业的一切旧阶段。它使商业城市最终战胜了乡村。

可以说，随着世界市场的建立，资本主义不断在全球扩大和强化自己的影响，它使一切国家的生产和消费都成为世界性的了，各国人民日益被卷入世界市场网，从而资本主义制度日益具有国际的性质。同时它也逐渐改变了各个相关国家人民的生活状态与经营方式，使之在不自觉的情况下联结在一起：各个相互影响的活动范围在这个发展进程中愈来愈扩大，各民族的原始闭关自守状态则由于日益完善的生产方式、交往以及因此自发地发展起来的各民族之间的分工而消灭得愈来愈彻底，历史就在愈来愈大的程度上成为全世界的历史。

（二）世界市场加速了共产主义的历史进程

随着资本主义生产力的发展，世界市场危机必然会爆发，而且是几乎有规律性和周期性的爆发。世界市场的进一步发展跟不上资本主义生产的急剧扩张，危机无法避免。尽管资本主义不断地开拓世界市场，但是，再广阔的市场相对于资本主义生产的迅猛发展也是有限的，世界市场的发展步伐无法满足资本主义生产力的急剧膨胀和资本无限扩张的渴求。因此，这就导致了各资本主义国家为了争夺世界市场进行激烈的竞争与斗争。随着生产力的发展，世界市场无法满足资本主义扩大再生产的需要，只要承认市场必须同生产一起扩大，在另一方面也就是承认有生产过剩的可能性，再加上各资本主义国家之间的残酷竞争，危机无法避免，生产力的发展既然引起劳动规模的扩大，那么在竞争愈来愈普遍的情况下，暂时的生产过剩愈来愈成为不可避免的了，世界市场愈来愈广阔了。因而，危机愈来愈尖锐了。资本主义从1825年起至今开始发生周期性的经济危机，危机的形式虽有所变化，但危机的周期从未间断过。

一方面，世界市场危机是资本主义基本矛盾发展的结果，资本主义生产的不断扩大和使用价值的大量增加，需要社会购买力的相应增加作为保证，没有社会需要的相应增加，社会再生产过程就会中断。然而直接剥削的条件和实现这种剥削的条件，不是一回事。二者不仅在时间和空间上是分开的，而且在概念上也是分开的。前者只受社会生产力的限制，后者受不同生产部门的比例和社会消费力的限制。但是社会消费力既不是取决于绝对的生产力，也不是取决于绝对的消费力，而是取决于以对抗性的分配关系为基础的消费力；这种分配关系，使社会上大多数人的消费缩小到只能在相当狭小的界线以内变动的最低限度。这个消费力还受到追求积累的欲望的限制，受到扩大资本和扩大剩余价值生产规模的欲望的限制。因此，市场必须不断扩大，这个内部矛盾力图用扩大生产的外部范围的办法求得解决。但是生产力越发展，它就越和消费关系的狭隘基础发生冲突。资产阶级生产的一切矛盾，在普遍的世界市场危机中集中地暴露出来，而在局部的危机中只是分散地、孤立地、片面地暴露出来。

同时，世界市场危机也激化了资本主义基本矛盾，工业的发展取决于市场的扩展。由于工业在当前的发展阶段上，增加生产力比扩大市场要迅速得多，于是便产生周期性的危机；在危机期间，由于生产资料和产品的过剩，经济机体中的流通便突然停止；在多余的产品没有找到新出路以前，工业和商业几乎完全陷于停顿。无论资产阶级用何种办法解决危机，结果总是会增加国内阶级矛盾即国内资产阶级与无产阶级之间的矛盾，亦或是加剧资本主义国家与被掠夺地区或国家之间的矛盾，即一国资产阶级与他国或其他地区的无产阶级之间的矛盾而已，这两种方法又会造成一个共同结果：资本主义基本矛盾会随着世界市场的相对或绝对的扩展而被激化、尖锐化，资产阶级与无产阶级之间的矛盾不仅不可调和，而且有日益扩大的趋势，这种扩大不仅体现在一国范围内，甚至扩充到了世界范围内，延伸到世界的各个角落。

另一方面，世界市场危机的不断发展为共产主义战胜资本主义提供了物质基础及阶级条件。马克思认为，只有生产力发展到很高的水平以后，共产主义战胜资本主义的物质基础才得以完成，而世界市场的发展恰恰提供了这一基础。而伴随着世界市场的发展，危机的爆发使得消灭私有财产的要求更加强烈：由于大工业和机器生产、交通工具、世界贸易空前的发展规模使个别资本家越来越不可能进行个人经营，由于日益加剧的世界市场的危机在这方面提供了最有力的证明，由于现代生产方式和交换方式下的生产力和交换手段日益超出了个人交换和私有财产的范围；总之，由于工业、农业、交换的社会管理将成为工业、农业和交换本身的物质必然性的日子日益逼近；由于这一切，私有财产一定要被废除。共产主义理论由此也产生了，共产主义的产生是由于大工业以及和大工业相伴而生的一些现象：世界市场的形成和随之而来的无法控制的竞争；具有日趋严重的破坏性和普遍性的商业危机，这种危机现在已经完全成了世界市场的危机；无产阶级的形成和资本的积聚以及由此产生的无产阶级和资产阶级之间的阶级斗争。在共产主义作为理论的时候，那么它就是无产阶级立场在这个斗争中的理论表现，是无产阶级解放的条件的理论概括。

世界市场使资产阶级与无产阶级的矛盾突破一国的界限，在全世界范围内培养自己的掘墓人，共产主义战胜资本主义的阶级条件也产生了。在世界市场条件下，无产阶级反对资产阶级的斗争首先是一国范围内的斗争，同时也将其扩大到全世界范围内，现代的工业劳动，现代的资本压迫，无论在英国或法国，也无论在美国或德国，都是一样的，都已经使无产者失去了任何民族性了。这样，大工业便把世界各国人民互相联系起来，把所有地方性的小市场联合成为一个世界市场，到处为文明和进步准备好地盘，使各文明国家里发生的一切必然影响到其余各国。因此，如果现在英国或法国的工人在解放自己，这必然会引起其他一切国家的革命，并迟早会使这些国家的工人也获得解放。

因此，在世界市场上，资本主义生产关系与资本主义生产力之间的矛盾日益明显及尖锐，正是由于资本主义基本矛盾的不断发展才导致了世界市场的危机，而世界市场的危机反过来又激化了资本主义基本矛盾，在世界市场危机中，资产阶级生产的矛盾和对抗暴露得很明显，从而使一国的阶级矛盾更加尖锐并通过世界市场向国际化的方向延伸。随着世界市场的危机使资本主义矛盾国际化，作为资本主义制度掘墓人的无产阶级以及无产阶级革命事业也只有在世界范围内"解放全人类"才能取得彻底的胜利。世界市场使无产阶级只有在世界历史意义上才能存在，就像它的事业——共产主义一般只有作为世界历史性的存在才有可能实现一样。而各个个人的世界历史性的存在就意味着他们的存在是与世界历史直接联系的。

总之，世界市场对资本主义制度的发展起了双重的作用：一方面世界市场的发展扩大促进了资本主义制度的发展与完善，使资本主义社会生产力飞速提高；另一方面也使资本主义社会的各种矛盾更加尖锐，阶级对立更加激烈，为资本主义制度经济危机及无产阶级革命埋下了伏笔，从而为资本主义制度的灭亡和共产主义的胜利准备条件。

第三节　世界市场的发展进程

世界市场是世界范围的商品通过交换和流通把各国市场紧密联系起来的总体。它与资本主义生产方式密切地联系在一起，随着资本主义生产方式的演变而经历着不同的发展阶段。它发端于15世纪末16世纪上半期的地理大发现，形成于19世纪中叶。其形成的历史，就是资本主义势力从欧洲扩张到全世界的历史，就是把所有国家和地区的经济，纳入到资本主义国际分工体系的历史。

世界市场的萌芽阶段是从15世纪末到18世纪60年代。国际贸易虽然在公元前就已经出现，但在相当长的历史时期内，由于社会生产力水平低下，商品经济落后，交通不发达，因而并不存在世界性的市场。15世纪末至16世纪初的地理大发现，对西欧经济的发展产生了巨大的影响，为世界市场的形成准备了条件。地理大发现之前，世界上只存在若干区域性的市场。地理大发现之后，区域性市场逐渐扩大为世界市场。新的世界市场不仅包括欧洲原有的区域性市场，而且包括亚洲、美洲、大洋洲和非洲的许多国家和地区。然而，由于交通与信息产业的发展相对落后，这一阶段的世界市场地理范围还是有限。

世界市场的发展阶段是18世纪60年代到19世纪70年代。英国和欧洲一些国家进行的第一次工业革命，使人类由手工业进入大机器生产和蒸汽时代，极大提高了生产力水平，为世界市场提供了更为丰富的商品；人们的生活水平逐渐提高，需求日益多样化；轮船火车等交通工具先后发明，促进了各国家和地区的贸易往来和密切联系。这些因素使国际的专业化分工不断深化与细化，国际贸易也因此发生了根本性的变化。欧洲的工业品大量销往美洲和亚洲，而亚洲和美洲向欧洲工业国提供工业原料和农副产品，从非洲海岸、北美大西洋沿岸、印度海岸、中国东南沿海逐渐深入到这些地区的内地，世界商品行销的空间范围在不断扩大。中欧、东欧、中东以及印度洋沿岸的广大地区都成为世界市场的组成部分，南太平洋和远东的澳大利亚、日本和中国等也开始进入世界市场。同时，国际商品流通的基础已再不是小商品生产者的工场手工业品，而是发达资本主义国家的工业制成品与经济落后国家的食品、原料的交换。世界市场上主要的经济联系是工业国家和农业国家之间，而各工业发达国家之间的贸易联系也大大加强，由此促进了世界市场的形成。

世界市场的最终形成时期是19世纪80年代到20世纪30年代。19世纪70年代的第二次工业革命使远程运输更广泛、更安全、更便捷；电信工具加速了商业信息的交流和传播，便利了人们的联系；生产和资本高度集中，为最大限度地攫取利润，西方发达资本主义国家开始了大规模的资本输出，即对外投资，采取开设工厂，修筑铁路和其他基础设施等手段，把世界各地生产、流通和消费紧紧结合在一起。可以说，第二次工业革命的爆发，一方面，促进了社会生产力的极大提高，使工农业生产迅速增长和交通运输业发生了革命性的变革，大大改变了欧洲经济的面貌，也改变了世界的经济面貌。尤其是交通运输业的革命，成为19世纪末世界经济、世界市场发展的主要推动力。另一方面也推动了资本主义生产关系由自由竞争向垄断阶段的过渡。资本输出使生产社会化和国际化逐步实现，并与商品输出相结合，从而加强和扩大了世界各国间的商品流通。这一阶段，国际贸易把越来越密的经济网铺到了整个地球的各个角落，世界市场流通内涵构成也日益丰富，世界各国在经济活动中紧密地联系在一起，于是，在世界历史上第一次实现了一个统一的世界市场。

从20世纪40年代以来，世界市场向多元化、多极化发展。二战结束后，随着科学技术的发展，生产分工出现细分的趋势，因而使国际分工形式发生很大变化，原来的部门间的分工向部门内分工转化，这使部门内贸易得到快速发展，出现经营全球化的特点。此外，世界市场区域化、集团化发展日益明显，世界经济呈现一体化、全球化发展趋势。随着科学技术应用于生产，各国纷纷把先进技术用于出口商品的升级换代，因此，世界技术贸易市场发展非常迅猛，技术贸易市场的竞争越来越激烈。

第二章　世界市场的扩展——资本国际化

　　资本主义生产方式是指以资本为基础的生产。而资本指的是能够产生剩余价值的价值，也可以说资本本身是依靠于不断地占有剩余价值而生存和发展的。扩张的本性和对剩余价值追求的目标促使资本一直处于不断的膨胀和扩张的状态中。随着资本的快速发展和资本主义生产方式日益占据国内统治地位，国内市场就变得越来越小，从而阻碍了资本的进一步扩张。资本的客观发展逻辑就要求打破国家，寻求国外市场，以满足资本扩张的需要。世界市场由此建立并日益发展起来，资本主义生产方式也开始在世界范围内得以普遍发展和传播。资本突破国界走向国际化可以说是资本主义基本制度生存和发展的客观需求，也是世界市场本身建立和发展的必要条件。资本国际化运动的程度越深就越推进了世界市场的进一步发展和深化。

第一节　什么是资本国际化

一、资本国际化的动因

资本国际化是指资本冲出国界，在世界范围内不断流通和运动的过程。资本扩张的本性是资本国际化的根本动因；而现代交通、运输和通讯技术的高速发展为资本国际化提供了便利条件。资本国际化主要体现在商品资本、生产资本和货币资本的国际化。

马克思认为，当一国发生生产过剩时，资本家面临两种选择，一种是将自己生产的产品变为废品遗弃掉；另一种是将多余的产品输出到国外市场从而获得更高的利润（这主要是因为当时在落后国家的利润率高于先进国家的利润率）。自然地，资本主义追求剩余价值的本性决定了资本家更乐意选择后者，从而使资本对外输出走向国际化。由此可以看出，资本国际化的根本动因就在于追求超额利润和获得利益最大化的宗旨，而不在于生产过剩本身。最初的商品资本国际化中输出的商品并不是"过剩"资本便是一个很好的例证。追求利润最大化以及利润获取长期稳定的发展是资本主义国家发展的根本驱动力，资本主义国家的发展就是围绕这个宗旨和目标而筹划和进行的。所以，作为资本人格化的资本家的生存法则就在于牟取利润更大化的无休止筹划和运动，而不在于某次利润的获取，即"绝对的致富欲"和"价值追逐狂"。随着国内市场容量的日益饱和，资本主义生产方式无限扩张的客观需求，开拓国外市场，在世界范围内牟取利益更大化的欲望就促使资本家越来越愿意把资本投放到国外市场上，从而促进资本国际化，使其在世界市场上参与剩余价值的分配和利益的角逐。

综上可以看出，只要资本主义制度存在，追求剩余价值的本质和利润更大化的动机存在，资本国际化运动就会出现。随着资本主义生产方式的发展，其国际化程度也会日益高涨，从而也促进了世界市场的进一步发展和成熟。总之，资本国际化是由资本扩张的本性所驱动，由资本家对剩余价值的利润更大化的追求导致。它是世界市场发展到一定阶段的产物，也是资本家进一步拓展世界市场的重要方式和工具。

二、资本国际化的发展

18世纪中叶，资本国际化随着资本主义生产方式的确立和发展开始出现。在这一时期，资本国际化只体现在流通领域，商品资本国际化占据主要地位，生产和资本增殖的过程仍然以国内市场为主。随着国际贸易和商品输出的不断发展，借贷资本日益开始走向国际化，同时，生产资本也开始跨越国界在世界市场进行活动。但是其规模都很小，在国际贸易中并不占据重要地位。因此可以说，在自由竞争资本主义时期，商品资本国际化是资本国际化的主要内容。

19世纪末，随着资本主义生产方式的快速发展，自由竞争资本主义阶段开始过渡到垄断资本主义阶段。资本输出的迅猛增长，成为当时垄断资本主义的基本特征之一。一战前夕，英国、法国和德国成为当时世界上最大的三个资本输出国。它们共计输出资本1750亿法郎~2000亿法郎，占据当时资本主义国家资本输出总额的81%左右。资本输出开始代替商品输出而占据主导地位。在这个阶段，一些大的垄断集团开始通过在国外市场设立生产企业进行直接对外投资，从而实现了生产国际化的进程。然而，这一时期的资本输出仍以借贷资本输出为主，生产资本输出的数量并不大，生产国际化仍主要在流通领域内实现。总之，在二战以前，资本国际化的特点主要体现在借贷资本国际化的迅速发展。

二战结束后，在新的科学技术革命浪潮的推动下，生产力开始有了飞跃的发展，国际分工进一步深化，从而使生产国际化的程度进一步得以提高。同时，资本国际化也开始进入新的、更高的发展阶段。生产资本国际化的迅猛发展主要就体现在生产过程的国际化。许多现代化工业产品的生产与制造不仅需要由国内的许多部门和企业进行专业化的协作；还需要在国际上进行专业化的协作和技术上的支持。产品生产的过程不仅需要进行部门之间的分工；还需要进行部门内部的分工，即产品的零部件和工艺的分工。这样就促使各国在一个产品直接生产的过程中，形成了相互依赖、相互渗透和相互交流的联系网，从而促使各国的生产过程逐渐开始成为统一的世界市场再生产过程的重要组成部分。此外，二战后的生产国际化得以迅速发展与跨国公司的运行和发展是密切相关的。跨国公司在世界市场上的生产和经营的过程中，形成了单独企业内部的国际化分工体系和网络。这种"国际分工内部化"或者"内部国际分工"，极大地促进了资本国际化的进一步发展。可以说，跨国公司的发展为国际经济关系带来了诸多影响和变化，其中最重要的就是在生产要素国际流动的基础上建立了资本国际化。

当今，整个世界都卷入到了经济全球化的浪潮中，资本国际化的程度也越来越高，越来越深入。一系列的从事国际金融活动的世界性机构的成立，标志着资本国际化已经进入到了一个新的历史阶段。例如国际货币基金组织、国际开发协会、国际复兴开发银行、国际金融公司等，这些世界性的经济机构的建立有效地促进了各种生产要素在国际上的流动，促进了资本国际化的深入发展。

综上所述，可以看出生产力的发展促使资本国际化得以实现，而资本国际化的发展又促进了生产力的发展，使各国之间越发紧密地联系在一起，消除了各民族之间的隔阂，从而为资本主义社会向社会主义社会的过渡提供了必要的物质基础。从这个意义上讲，资本国际化是一个进步的过程。列宁曾指出，在资本主义发展过程中，有一种趋向，即"民族之间各种联系的发展和日益频繁，民族壁垒的破坏，资本、一般经济生活、政治、科学等的国际统一的形成"。这种趋向"标志着资本主义已经成熟，正在向社会主义社会转变"[1]。同时，资本国际化的过程也是资本积累在世界范围实现和发展的过程。而积累作为社会的最重要的进步职能，可以说是社会发展最直接的源泉，因此，资本国际化是有利于世界市场上各国经济和社会发展的。社会主义国家要扩大再生产，就必须重视这种积累，就必须进行必要的积累，当然，社会主义积累的内涵并不等同于资本主义的积累，而指的是社会积累。然而，我们也必须清醒地看到，资本国际化的本质是剩余价值的生产和实现的国际化，是资本主义生产方式在世界范围内的扩张，是世界市场扩展的结果。资本国际化不仅没有削弱国际垄断资本主义对发展中国家和落后地区的剥削和控制，反而促使这种剥削和控制进一步强化。同时，资本国际化也使国际垄断集团之间为占领市场份额、原料产地和投资场所的斗争愈演愈烈，可见，资本国际化没有也不可能消除旧的国际经济秩序中存在的不合理和不平等的国际交换关系。

---

[1] 《列宁全集》第20卷，人民出版社1958年版，第10页。

第二节　商品资本的国际化

商品资本国际化指的是资本主义国家生产的商品在世界市场上进行销售，从而实现其价值和剩余价值的过程。国际贸易作为商品资本国际化表现形式，包括有形贸易和无形贸易两种贸易。

马克思曾指出："商品，作为已经增值的资本价值的直接由生产过程本身产生的职能存在形式，就成了商品资本。如果商品生产在它的整个社会范围内按资本主义的方式经营，那么，一切商品从一开始就是商品资本的要素，不论它们是生铁，还是布鲁塞尔的花边，是硫酸，还是雪茄烟。"商品资本指的是资本主义生产过程中的 W，即商品经过资本主义的一系列生产环节，实现价值增殖，并通过流通最终实现剩余价值，因此，由资本主义直接生产过程生产出来的、包含了剩余价值的商品，就是商品资本。在资本主义生产方式下，一切商品都作为商品资本的要素存在，它们尽一切可能促使自己通过一定的环节加工进而销售，实现商品资本的职能——"资本价值最后再转化为它原来的货币形式，是商品资本的职能"。"构成资本的物品，本来就是为市场而生产的，必须卖掉，转化为货币，因此要完成W－G运动。"即商品资本必须要被投放到市场中去，作为商品来销售，并且只有售出才能实现商品的价值，从而完成从商品到货币这一转化形式，最终收回预付资本和实现剩余价值，达到资本家牟取利润的最终目的。"只要现在已经增殖的资本保留商品资本的形式，停滞在市场上，那么生产过程就会停止。这个资本既不会作为产品形成要素起作用，也不会作为价值形成要素起作用。"所以，资本主义生产的目的就是让商品资本实现其职能，"W从一开始就是作为商品资本出现的，而全部过程的目的，就是发财致富"[①]，唯有如此，资本主义生产才得以持续不断地、循环往复地进行下去，资本主义才能够得以生存和发展。

由于资本的扩张性，导致了以商品生产为统治形式的资本主义生产也是扩张的本性，"资本主义生产所生产出的商品量的多少，取决于这种生产的规模和不断扩大生产规模的需要，

①《资本论》第2卷，人民出版社2004年版，第46页。

而不取决于需求和供给、待满足的需要的预定范围"。由于商品是易逝的，"但资本如果过久地停留在商品资本的职能上，它就不再成为商品，甚至不再成为使用价值"。所以，"商品资本在市场上互相争夺位置。"[1]如果国内市场开始趋于饱和状态，那么商品资本必然要开拓国外市场，寻求更广阔的发展空间，这是由商品资本的职能本质所决定的。否则，剩余危机便会爆发，资本主义生产也会陷入停顿之中，资产阶级是不情愿看到这一幕的。因此，可以说，商品资本在拓展世界市场和实现国际化的历程已经包含于商品资本本身的含义和职能中了。

通过马克思对商品资本的解读，我们可以看出，在马克思时代，由于服务业及信息产业的不发达，有形贸易在世界市场上占据主要份额，那时用于交换的商品主要是实物商品，商品资本也大多仅限于可以看得见摸得着的实物商品上，"是商品形式的资本"[2]。而在当今经济全球化时代，在世界市场上用于国际交换的商品远远超出了马克思当时的范围，无形贸易开

---

① 《资本论》第2卷，人民出版社2004年版，第88页。
② 《资本论》第2卷，人民出版社2004年版，第58页。

始迅速地发展起来。劳务、技术以及其他非实物形态的商品贸易在世界市场上占据的比重越来越大，服务贸易日益成为世界市场上国际商品交换的主流。

随着各国间融入经济全球化程度的不断加深和国际贸易的高速发展，商品资本的国际化将在世界市场上为各国的生产创造出一个不断延伸的流通线，从而促进各输出国经济的发展和人民生活水平的提高，进一步加强世界各国之间的经济往来，有效地提高世界经济的生产效率。

第三节　生产资本的国际化

生产资本国际化指的是资本跨越国界，在世界范围内从事商品生产和经营活动，从而实现生产或实现价值或剩余价值的过程。它的主要表现形式就是对外直接投资，是发达资本主义国家生产社会化在国外市场的延伸和扩展。生产资本国际化标志着资本运动已经从流通领域的国际化发展成为直接生产过程的国际化。

生产资本作为"产业资本的特殊的职能形式"之一，可以说是生产形式上的产业资本，它不仅包含物化的劳动条件，还包含在生产地发挥作用的劳动力。资本本身的生产过程即是一个价值增殖的再生产过程，它不仅体现了剩余价值的生产，而且体现了剩余价值的周期再生产，这个过程必须是周而复始地不间断地进行。虽然在资本主义生产方式下，"生产过程只是为了赚钱而不可缺少的中间环节，只是为了赚钱而必须干的倒霉事"。"生产过程在循环过程形式本身中所表现的，在形式上而且明显地就是它在资本主义生产方式中的情况：它只是预付价值增殖的手段，也就是说，发财致富本身才是生产的自身目的。"虽然资本家从根本上不屑于这种生产过程，但是为了攫取利润更大化，他们又不得不进行这种生产过程，而且还要持续不间断地扩大再生产，由此可以看出"连续性是资本主义生产的特征"。[①]

由于资本主义生产持续不间断地扩大和发展，"生产资本愈增殖，它就必然更加盲目地为市场生产，生产愈益超过了消费，供应愈益力图扩大需求。"[②]当资本主义发展到一定阶段

---

① 《资本论》第2卷，人民出版社2004年版，第68页。
② 《马克思恩格斯全集》第4卷，人民出版社1958年版，第452页。

后，这种生产过程势必会冲破国家的界限，向世界市场进军。因为"它的趋势是尽可能使一切生产转化为商品生产；它实现这种趋势的主要手段，正是把一切生产卷入它的流通过程；而发达的商品生产本身就是资本主义的商品生产。产业资本的侵入，到处促进这种转化，同时又促使一切直接生产者转化为雇佣工人"①。它要把全世界纳入到整个资本主义生产体系里，并作为其生产基地与销售市场。商品来源的全面性和市场作为世界市场而存在，不仅是产业资本流通过程的显著特点，也是资本主义生产方式和资本国际化的特点，更是生产资本更好地执行其职能，完成任务的重要保证。因此，可以说，在资本主义的生产方式下，产业资本在生产阶段上所采取的形式——生产资本的国际化是历史发展的必然结果。

对外直接投资是生产资本国际化的重要表现方式，这是由资本追求利润最大化的本质所决定的。直接投资意味着最重要的生产要素之一——资本已突破了国界开始在世界范围内自由流动，进而追逐利润最大化。对外直接投资是通过在世界范围内投资设厂，并在生产领域里和在生产过程中把各国经济联系

① 《马克思恩格斯全集》第24卷，人民出版社1972年版，第127页。

起来的重要方式。最初资本主义国家在进行资本输出时，主要采用的是商品输出的形式，这在很大程度上限制了资本的进一步扩张和发展。随着世界经济的快速发展，各种各样的国际贸易摩擦和壁垒在不断增加，从而使商品输出受到很大的影响，而对外直接投资则可以有效地绕开贸易壁垒，减少贸易摩擦，进而实现投资国和引资国的共赢。由此，对外直接投资作为生产资本国际化的一种重要形式开始越来越受到各国的重视。此外，对外直接投资也意味着把世界市场上各国的生产联结成一个统一的商品生产体系，这在客观上促进了世界市场的整合与各国的经济往来和联系，为经济全球化的发生和发展起到了巨大的推动作用。

第四节　货币资本的国际化

货币资本的国际化指的是货币资本在国家之间的借贷活动。借贷资本输出是货币资本国际化的主要表现形式。借贷资本输出包含两种形式：一种是贷款，即是指由资本主义国家的政府、企业或者个人把货币资本借给另一个国家的政府、企业或者个人；另一种是证券投资，即是指资本主义国家的政府、企业或者个人购买另一个国家或者企业发行的债券或股票等有价证券。

马克思认为，货币资本是"货币形式的资本"，"是货币状态或货币形式的资本价值"。它与商品资本"只是产业资本在流通领域时而采取时而抛弃的不同职能形式由于社会分工而独立的和片面发展的存在形式"。货币资本"表现为资本预付的形式"，[①]只有把G—W作为资本循环的一个阶段进行考察，G才是货币资本。货币资本作为一般购买手段去购买生产资料、劳动资料以及劳动力时，执行的只是其货币的职能。在资本主义的生产方式下，货币的一般支付手段的职能又可以转化为资本的职能。因为在流通过程中，买者只占有生产资料，卖者只拥有劳动力，在这种双方具有不同的基本经济条件或他们的阶级关系中，就已经包含了资本关系，因此，不是由于货币的性质而产生了这种关系，相反，正是由于这种关系的存在，才使得单纯的货币资本由货币职能转化为资本职能。货币资本国际化流通主要由金银来承担"在世界市场上，占统治地

---

① 《资本论》第2卷，人民出版社2004年版，第58页。

位的是双重价值尺度，即金和银"①。马克思指出，金银作为世界货币在各国之间的流动是双重的，一方面，金银从产地分散到世界市场的每个角落，被不同的国家吸收，从而进入了国内流通渠道，补偿了磨损的铸币，供给了奢侈品的材料，最后被凝固为贮藏货币；另一方面，贵金属不断地往返于不同国家的流通领域间，并随着汇率的不断变化而发生运动。

马克思认为，"汇兑率是货币金属的国际运动的晴雨计"。贵金属直接就是借贷的货币资本，是整个货币制度的基础，它直接影响汇兑率的浮动。以贵金属为代表的借贷资本是货币资本国际化流动的重要表现形式。"随着大工业的发展，出现在市场上的货币资本，会越来越不由个别的资本家来代表，即越来越不由市场上现有资本的这个部分或那个部分的所有者来代表，而是越来越表现为一个集中的有组织的量，这个量和实际的生产完全不同，是受那些代表社会资本的银行家控制的。因此，就需求的形式来说，和借贷资本相对立的是整个阶级的力量；就供给来说，这个资本本身整个地表现为借贷资本。"在资本周转过程中游离出来的闲置货币，通过银行的信

①《资本论》第1卷，人民出版社1975年版，第163页。

用中介形成了借贷资本。此外，马克思还考察了信用制度与世界市场的关系，"信用制度加速了生产力的物质上的发展和世界市场的形成，使这二者作为新生产形式的物质基础发展到一定的高度，是资本主义生产方式的历史使命。同时，信用加速了这种矛盾的暴力的爆发，即危机，因而加强了旧生产方式解体的各种要素。"①

综上所述，可以看出，借贷资本的不断发展，与资本现实的再生产过程并无关系，充其量也只是为资本主义再生产过程作了准备而已。它与现实的再生产过程的这种脱离为虚拟资本的产生和资本市场的出现奠定了基础，使金融资本的产生和发展成为可能，同时，也在某种程度上为信用危机、资本泡沫及金融危机的发生提供了前提条件。

---

① 《资本论》第3卷，人民出版社2004年版，第413页。

第三章 世界市场的进一步拓展
——经济全球化

随着资本的不断扩张和世界市场的拓展，资本国际化的程度愈来愈高，尤其在20世纪90年代后期，世界新科技革命出现新的高潮，世界各国的经济生活越来越国际化，经济全球化趋势不断显现出来，不同社会制度、不同发展水平的国家和地区都被纳入到统一的世界经济体系中，成为世界经济体系中的行为主体，世界市场进一步拓展到经济全球化的时代。

第一节 什么是经济全球化

一、经济全球化的起源与动力

马克思在《共产党宣言》中曾指出，"美洲的发现、绕过非洲的航行，给新兴的资产阶级开辟了新天地。东印度和中国的市场、美洲的殖民化、殖民地的贸易、交换手段和一般的商品的增加，使商业、航海业和工业空前高涨"[①]。"大工业建立了由美洲的发现所准备好的世界市场。世界市场使商业、航海业和陆路交通得到了巨大的发展。这种发展又反过来促进了工业的发展，同时，随着工业、商业、航海业和铁路的扩展，资产阶级也在同一程度上得到发展，增加自己的资本，把中世纪遗留下来的一切阶级都排挤到后面去"[②]。由此可以看出，虽然马克思没有明确指出经济全球化起源于何时，但他指明了地理大发现为建立世界市场作好了准备，随后马克思又提出，是欧洲的大工业打破了从前民族国家封闭自守的状态，现代交通工具的发展与科学技术的进步首次开创了世界历史。所以可以说地理大发现和欧洲大工业的发展为经济全球化的发生和发展提供了前提条件。使人们对自己周围的世界有了完整的认识，并在观念上第一次完整地形成了"全球化"的概念。

当然，只有概念是远远不够的。马克思以唯物史观为基

---

① 《马克思恩格斯全集》第2卷，人民出版社2009年版，第32页。
② 《马克思恩格斯全集》第1卷，人民出版社1995年版，第273页、第274页。

础，从生产力与生产关系的角度对世界历史进程进行分析，认为只有作为原动力的生产力的高速发展才能促进世界范围内生产关系的进一步发展，从而促进人的普遍交往。也就是说，只有社会生产力的发展才能使世界市场成为可能，从而实现世界范围内人的交往的普遍化。马克思还指出，"如果在十六世纪到十七世纪，商业的突然扩大和新世界市场的形成，对旧生产方式的衰落和资本主义生产方式的勃兴，产生过非常重大的影响，那么，相反地，这种情况是在已经形成的资本主义生产方式的基础上发生的。世界市场本身是形成这个生产方式的基础。另一方面，这个生产方式所固有的以越来越大的规模进行生产的必要性，促使世界市场不断扩大，所以，在这里不是商业使工业发生革命，而是工业不断使商业发生革命"[①]。这就说明以欧洲工业革命为标志的社会生产力的发展为经济全球化的发生和发展提供了必要的物质基础。所以从马克思世界历史理论来看，经济全球化的起源是以地理大发现为前提条件，以工业革命的发展为物质基础的，这两者的结合促成了当今经济全球化历史进程的发生和

----

① 《马克思恩格斯全集》第25卷，人民出版社1974年版，第372页。

发展。

马克思世界历史理论认为，首先，生产力和生产关系以及二者之间的相互作用是"历史的真正的最根本的动力"①。所以，关于经济全球化进程的基本推动力，可以归纳为是资本主义国家内部的生产关系已经无法适应资本主义社会生产力的高速发展，从而推动了资本主义世界经济体系的形成。资本主义的本质就是资本的无限扩张以寻求经济利润最大化，可以说经济全球化标志着由资本主义主导的由民族国家内部垄断主义向国际垄断主义过渡的过程，但是，经济全球化并不等同于资本主义全球化。随着资本主义生产力的高度发展，资本主义国家内部已经满足不了资本最大限度追求利润的要求，资本的对外扩张促进了世界市场的产生，其本身开始在世界市场上流动以创造更大的剩余价值，由此也启动了经济全球化的进程。

其次，马克思提出，"社会的劳动生产力……它既包括科学的力量，又包括生产过程中社会力量的结合"②。由此可

---

① 《马克思恩格斯全集》第4卷，人民出版社1995年版，第249页。
② 《马克思恩格斯全集》第31卷，人民出版社第2版，第111页。

以看出，科学技术为经济全球化的发展提供了客观的物质基础。历史上三次科学技术革命的发生和发展极大地推动了社会生产力的高速发展。第一次科学技术革命使民族手工业发展为机器化大生产，同时也促进了交通、通讯等科技方面的快速发展，由此促进了世界市场初步的形成。第二次科学技术革命推动了电力和电讯传输方面的进步和发展，西方主要资本主义国家从蒸汽机和纺织品时代跨向了钢铁和电动机的大工业生产，科学技术和产业进一步紧密结合，从而推动了世界经济的高速发展。第三次科学技术革命也被称为信息技术革命，它对世界经济发展的影响是前所未有的，信息技术的创新和通讯手段的更新促进了世界范围内资本的流通、贸易方式的快速发展，深化了生产过程的社会分工程度，实现了世界市场中人的普遍交往，由此促进了经济全球化的发生与发展。马克思早已指出，"随着大工业的发展，现实财富创造出较少的取决于劳动时间和已消耗的劳动量，较多地取决于在劳动时间内所运用的作用物的力量，而这种作用物自身——他们的巨大效率——又和生产它们所花费的直接劳动时间不成比例，而是取决于科学的一般水平和技术进步，或者说取决于这种科学在生产商的应用"[①]。综上可以看出，科学技术的发展为经济全球化进程提供了最根本的物质技术基础。

最后，跨国公司在世界范围内的成立和发展助推了经济全球化的历史进程。跨国公司作为资本扩张的实践载体，它促进了世界范围内产品、服务、资金和技术等生产要素的跨国界流动，使它们摆脱了民族国家的管制。可以说，跨国公司最显著的特点就是它可以灵活地在全球范围内进行合理的、优化的资源配置，从而取得最佳效益。跨国公司是资本主义在世界市场上为追求利润最大化的基础上而出现的。它借助于自身的特点，通过国际间自由的社会分工与合作，使国际生产和交换关系绕过市场机制的作用，从而减少各种障碍和壁垒对资本主义发展的束缚。然而也正是跨国公司的这种运动模式，使国际间贸易往来和人的交往日益紧密地联系起来，从而推动了经济全球化的历史进程。

二、经济全球化的涵义与内容

关于经济全球化的基本内涵，马克思虽然没有明确指

---

① 《马克思恩格斯全集》第31卷，人民出版社第2版，第100页。

出，但其早在150多年前就在《共产党宣言》中对"全球化"进行了分析，又在《资本论》中从不同的角度对"全球化"展开了系统的研究和阐述，从而形成了马克思的"经济全球化观"，根据马克思世界历史理论，从生产力和生产关系相统一的视角出发，笔者认为经济全球化是以科学技术进步为基础，生产力发展为根本动力，商品、服务、资本、技术和劳动力等生产要素在世界市场中进行自由流动和合理配置的全球化过程，也是生产关系的全球化过程。经济全球化可以说是生产力和生产关系的统一体，主要体现在它既是人类社会历史发展到一定阶段的产物，又是人类社会经济生活冲破民族国家的束缚走向世界的必然结果。根据对经济全球化涵义的梳理和理解，可以看出经济全球化具有自然和社会的双重属性。其自然属性指的就是经济全球化的发生与发展是以科学进步为基础、生产力为根本动力的社会经济生活全球化的进程；其社会属性指的是经济全球化作为人类经济生活的高度社会化表现，主要体现在国家之间、民族之间、地区之间以及人与人之间的经济生活的高度发展。

作为世界经济发展的客观趋势，经济全球化主要包含四方面的内容，即贸易全球化、生产全球化、资本全球化和科技全球化。每一方面都体现了经济全球化的本质。首先，经济全球化的主要内容体现在贸易全球化。经济全球化打开了各民族国家的大门，率先体现在世界各国都卷入到国际商品交换中，商品贸易更容易突破国界的限制在世界范围内进行优化组合。特别是20世纪80年代以来，随着各民族国家的改革开放，使国际贸易得以迅速发展，从宏观上看，贸易总量增长异常迅速、贸易规模日益扩大、贸易依存度也不断提高、贸易结构也明显复杂化；从微观上看，贸易的产品日益多元化和复杂化，货物贸易、服务贸易以及技术贸易等都得以迅速发展。由此加强了各民族国家的经济融合和贸易往来，加快了贸易全球化的进程。

其次，生产全球化指的是以社会生产力的发展推进的国际分工为基础，以跨国公司为载体，随着科学技术的发展，使民族国家内部的社会化大生产转变为以世界市场为生产领域进行社会化大生产的进程，也是经济全球化的重要组成部分之一。当民族国家内部满足不了资本主义社会生产力发展需求的时候，它迫切需要冲出国家，站在世界市场上寻求更低廉的劳动力、更优化的生产资料，从而进行更合理的资源配置以获得更大的利润需求。可以说生产全球化最显著的表现就是促进国际分工的不断细化，即由原来传统的以本土自然资源为基础进行的社会分工转变为世界范围内以技术、工艺为基础的社会分工；由从前以产业之间为主的社会分工转变为现在以产业内部结构为主的社会分工。同时，跨国公司的成立和发展促进了由世界生产体系来决定各民族国家的国际分工格局以及其在国际分工中的地位的进程，也极大地促进了生产全球化的发展。

第三，资本全球化指的是资本以国际经济关系为基础，在世界范围进行的各种活动以及与风险发生机制相互联系、相互影响的过程。资本扩张的本性决定了当社会生产力发展到一定程度，其必将走出国门，走向世界，在世界市场上进行各种活动以产生出更大的价值。随着贸易和生产全球化的快速发展，资本在国际上流动的速度也在日益加快，有时只要在电脑上敲几个键，一笔巨额资金就在极短的时间内从世界范围内一个市场转向了另一个市场。资本在世界市场上的活动过程也是单个民族国家经济权利逐步削弱的过程，资本流通的全球化、资本市场的全球化以及货币体系的全球化等都体现出资本已经逐渐从民族国家的约束中脱离出来，而在世界范围内进行更有效益的活动。

第四，科技全球化指的是各民族国家内部的科学技术资源在世界范围内进行优化配置，也可以说是经济全球化的一个新的拓展领域。经济全球化的发生促进了世界经济生活的紧密联系，在贸易、生产和资本全球化快速发展的同时，先进的科学技术也开始随着全球化进程和需要进行大规模的国界转移，在世界市场上广泛存在与交换。由此各民族国家的科学技术的标准越来越趋于一致，而占据优势的跨国公司通过垄断的科学技术标准的使用，控制了行业的发展，也因此获得了大量的超额利润。综上也可以看出跨国公司的发生和发展存在于经济全球化进程中的每一个环节，可以说是扮演了经济全球化进程的担当者和催化剂的角色。

三、经济全球化的实质和作用

前文根据马克思世界历史理论对经济全球化基本概念和动力的梳理，可以看出，经济全球化的实质就是在资本主义历史阶段，社会生产力发展到一定程度要求其生产方式和生产关系突破国家和地区的界限而走向世界，是不以人的意志为转移的客观趋势。"随着新生产力的获得，人们改变自己的生产方式，随着生产方式即谋生方式的改变，人们也就会改变自己的一切社会关系。"[①]它是一个充满矛盾的运动过程，即生产力与生产关系之间的矛盾和经济基础与上层建筑之间的矛盾。它还是一个人类历史客观发展的进程，即从低级社会形态向高级社会形态发展的历史进程。

经济全球化作为当今世界经济发展的一种客观趋势，它促进了世界经济增长的同时，也引发了一定的不可回避的风险与弊端。所以可以说经济全球化是一柄"双刃剑"，既有其正面的积极影响，也有其负面的消极影响。

一方面经济全球化的历史进程促进了世界经济的迅猛增长。

首先，经济全球化的一个重要作用就是推动了劳动力、生产资料、技术等生产要素进行跨国界和跨地区的分配和流动，促进了各国家和地区的生产资源的共享和相互之间的优势互补，也就是促进了生产资源在世界范围内实现最优化的配置和

---

① 《马克思恩格斯全集》第1卷，人民出版社1995年版，第142页。

组合。也正是这种世界范围内的资源优化配置促进了整个世界经济结构的优化和活力的增强，从而提高了世界经济的效益。其次，经济全球化促使社会分工由民族国家内部扩展到全世界。国际分工的实现促进了世界范围内生产和技术的专业化分工与合作，从而提高了社会化大生产的劳动效率和产品质量，为世界经济增长提供了有效保障。第三，经济全球化促进了资金跨出国界在世界范围内的自由流动，这为那些资金相对短缺的发展中国家和落后地区提供了引进外资的机会，从而实现了本国的经济增长，并以此推动了世界经济的发展。第四，经济全球化的发展促进了先进科学技术在世界范围的传播与发展。由此为科学技术相对落后的国家和地区提供了发展机遇，促进了这些国家产业结构的升级和工业化进程，从而加快了世界范围内传统经济向现代经济的转变的进程。第五，制度创新为世界经济的增长提供了制度保障。随着世界市场的形成，经济全球化的发展，原有的国际经济旧秩序以及国家内部的相关经济制度都已经不再适合当今世界经济的发展。各民族国家为适应经济全球化的浪潮重新制定新时期的经济制度，而国际经济秩序为了满足世界经济发展的客观需求也不得不作出相应的改革和调整，也正是这种根据客观需要所进行的国家内部和国际范围内的制度创新为世界经济的增长提供了制度保障。

另一方面，由于各民族国家和地区的社会基础不一样，而经济全球化其本身又是在资本主义阶段产生的，所以不可避免地在其发展过程中出现了许多弊端和矛盾。

首先，经济全球化造成了全球范围内的两极分化日益严重。经济全球化虽然推动了世界经济整体的发展，但是由于国际经济秩序的操控权主要掌握在西方发达资本主义国家手中，也是为他们在世界范围内追求利润最大化而服务的。所以，在这种情况下，虽然发展中国家和落后地区加入到经济全球化的浪潮中，但仅获得了有限的经济利益，其本身的经济发展时刻受到西方各种贸易壁垒的限制和冲击，从而加大了西方发达国家与发展中国家的贫富差距。其次，经济全球化造成了世界经济风险的加大。随着经济全球化的发展，世界经济体系的建立和发展，各国家和地区的经济发展也紧密地联系起来，一荣俱荣，一损俱损。托马斯·弗里德曼指出，"能够威胁全球化的另一个途径是，当这个体系本身变得非常庞大，把世界非常紧密地联系在一起的时候，小团体的人——不管他们是投资者还是具有超级能量的愤怒的人——由于采取过激的举动，能够威胁整个大厦"①。也就是说在当今各民族国家和地区彼此之间高度依存的状况下，一个国家或地区的经济不仅会影响到其他国家和地区的经济，甚至还会引起世界经济的动荡或经济危机。第三，经济全球化造成了资源和生态环境的破坏。世界经济的快速发展，推动了资源在世界范围的重新配合与组织。资本主义国家为了追逐利润最大化，在世界范围内进行生产和贸易，却忽视了也可以说无视这种自由贸易和投资带来的环境和生态的恶化。经济价值的创造是以生产资料为基础的，自由的、不加以规范和限制的经济发展必然会导致污染产品在世界范围内的转移和扩散、资源的枯竭以及生态环境的恶化。西方发达资本主义国家在大幅度推进经济增长的同时，并未从根本上解决这一问题，还把这种价值获得的代价转嫁给了发展中国家和落后地区，严重地危害了这些国家的资源和生态环境。此外，经济全球化的历史进程也加深了国际上国家和地区之

---

① 托马斯·弗里德曼：《直面全球化》，国际文化出版公司2003年版，第437页。

间的竞争与摩擦，使发展中国家和落后地区越来越依赖于西方发达国家。

综上可以看出，经济全球化作为人类社会发展的客观趋势给予整个世界带来的好处和弊端都是多元化的。然而，这种好处和弊端并不是经济全球化本身所带来的，而是隐藏在经济全球化背后的资本主义基本矛盾所引发和导致的。

第二节　经济全球化及反全球化运动

随着经济全球化的发展，在经济全球化过程中凸现出来的各种世界性问题日益增多，由此国际社会出现了反全球化现象，并逐渐发展成为一种广泛、声势浩大的群众性抗议示威运动，即所谓的"反全球化"运动，它就像影子一样跟随着各种国际会议，在会场外进行"搅局"活动。作为经济全球化的对立面，反全球化运动和理论既揭示了经济全球化的负面影响和弊端，也有效地促进了经济全球化进程的不断发展。客观认真分析经济全球化进程中的反全球化运动及其理论，对于经济全球化的理论研究有很好的启示作用和借鉴意义。

一、反全球化的进程与表现

1999年11月，世界贸易组织第三次部长级会议在美国西雅图市举行期间，美国的劳工和环保组织在西雅图组织了声势浩大的示威游行活动，来自于全球范围内700多个非政府组织、50000多名群众云集于西雅图市，有支持自由、平等的学生组织和宗教团体；也有关注环境、债务、劳动问题的非政府组织；当然也包含无政府组织者等。随着抗议示威气氛的高涨，游行者开始在街头纵火、破坏公物，制造暴力冲突，甚至把象征全球化现象的麦当劳快餐店捣毁，由此整个城市陷入紧急状态。这个原本和平示威的反全球化活动演变成了大规模的街头骚乱。而在会议上，美国前总统克林顿关于贸易保护主义的言论和演说也遭到了普遍反对和质疑，同时，会议内部南北国家的意见也发生了巨大的分歧，最后这次世贸会议无果而终。然而，这场举世震惊的西雅图反全球化游行示威活动却标志着全球范围内的"反全球化"运动的开始，拉开了世界范围内的反全球化运动序幕。此后，几乎每次关于推动经济全球化的国际会议的城市周边和会场外都会伴随着反全球化的抗议游行活动。也可以说，反全球化运动开始成为伴随着经济全球化进程一起发展的一种独特的、常态化的"全球化"现象。

随着经济全球化的发展，在世界范围内连续爆发了多场大规模反全球化示威游行运动。这个过程中，反全球化运动逐渐从混乱走向有序，从无组织走向有组织，从非理性走向理性。它就像影子一样跟随着国际会议和论坛，在会场周边或会议所在城市进行"搅局"活动。2000年1月，世界经济论坛年会在瑞士小镇达沃斯召开，来自世界各国各界的精英与反全球化的示威游行组织和群众同时抵达。抗议者无视当局禁止示威的禁令，通过激烈的抗议演说和游行表达他们对自由贸易的不满以及对全球化的质疑。

2000年2月，联合国第十届贸易和发展会议在泰国首都曼谷开幕，大批曼谷学生、当地市民甚至来自泰国各地区的农民、渔民在会场外进行示威抗议，推动了反全球化运动的爆发。他们高举反全球化旗帜，发表抗议演说，宣称经济全球化不仅使世界贫富差距越发悬殊，还导致了泰国的金融危机的频发。许多示威者在会场外烧毁渔网和农具，以此宣泄他们对经济全球化所带来的生活窘境的不满。9月，悉尼奥运会前夕，在澳大利亚墨尔本召开了世界经济论坛亚太地区会议。一些非政府组织和群众联合在一起，发动了大规模的抗议游行，他们倡导公平和正义，要求举办真正的奥运赛事，剔除商业化。然而这场抗议活动最终也以与警察发生冲突而告终。同月下旬，世界银行与国际货币基金组织的年会在捷克首都布拉格召开，来自于世界各地的万余名示威群众云集此地，他们声讨国际货币基金组织和世界银行的实质就是世界范围内资本主义发展的工具，要求关闭世界银行与货币基金组织，加快国际金融体系的改革进程。10月，第三届亚欧会议在韩国首都汉城召开期间，韩国市民、学生团体共同发动了约3万人的反全球化运动，高喊"另一个世界是可实现的"的口号。此外，菲律宾的"反贩卖妇女联盟"、日本的"食品安全与环境网络"等非政府国际组织也都加入到这次运动中来。同时，示威者针对这次亚欧会议还举行了亚欧会议人民论坛，表明其与之坚决对立的立场。12月，欧盟首脑会议在法国尼斯开幕，约有8万来自世界各地的示威抗议者，包括欧洲工联发动的工会会员冒雨游行，抗议欧盟首脑会议的召开。然而，随着示威者与警察发生了激烈的巷战，这次运动又发展成为一次街头骚乱，最终以被警察镇压而告一段落。

2001年1月，世界经济论坛在瑞士达沃斯召开，各国群众聚集此地示威游行，但瑞士军警以防范暴动为由阻止了此次抗议游行运动。4月，美洲国家首脑会议在加拿大魁北克召开，商讨关于美洲自由贸易区的协议。各地的环保团体、学生组织及民众聚集到魁北克举行一系列的示威活动，指出协议方便了大资本的剥削自由，使财团利润凌驾于环境保护之上。但最终这次抗议游行活动以同警察发生对抗和巷战而告终。5月，国际劳动节期间，反全球化示威浪潮席卷了世界各地，抗议者反对官商全球一体化政策，要求保障劳工权益，在伦敦、汉堡、马里拉等地甚至出现暴力对抗行为。6月，欧盟峰会在瑞典歌德堡召开，约万余群众在街上抗议游行，反对欧洲联盟进一步推动经济自由化。7月，八国峰会在意大利热那亚举行，十万余示威者聚集此地，高举"全球化导致贫困"的横幅进行示威游行，并通过举办大型的社会论坛进一步声讨全球化的弊端。然而，在这次反全球化运动中，第一次出现了与警察发生冲突而导致一名抗议者被枪杀身亡的事件。八国峰会讨论的内容主要是气候控制和裁减军备等问题，但宣告闭幕时，却也提出了

"要使经济全球化有利于全体公民，特别是穷人"的声明。由此可见，反全球化运动已经发展到了一个新的顶峰，并开始受到相关国际会议和论坛的高度重视和重新审视。

2001年的美国"9·11"事件发生后，反恐等非传统安全问题成为国际社会关注的焦点，各民族国家和地区都对不同形式的示威游行活动和集会进行了相应的限制和管制。反全球化运动虽然因此受到了一定程度上的打压和限制，但却从未有间断过。例如2002年9月，世界银行与国际货币基金组织年会的召开引发了约2000名反全球化示威者在华盛顿街头游行和抗议。2003年6月，八国集团峰会在法国埃维昂镇日内瓦湖上举行，示威者高举"不要战争"、"八国集团非法"的旗子涌向街头，甚至与当地警察发生冲突。2007年6月，随着八国峰会在德国召开，由万余人组成的反全球化队伍走向街头进行抗议示威游行，甚至封堵了部分路段。此外，还有数百名抗议人群试图接近峰会会场，甚至企图通过暴力行为进入美国总统下榻的酒店，并与警方发生了激烈的冲突，最后导致100余人被捕，而数名警察也在与抗议者的冲突中受伤。

综上可以看出，大规模的示威游行并伴随着非理性暴力成为了当今世界上反全球化运动的主要形式。但这种较为激进的方式只能把反全球化人士的不满和抗议表达出来，却不能从实际上解决问题，为此，世界各国反全球化精英与反全球化组织开始汇集在发展中国家，以一种国际论坛的形式商讨反全球化的目标、方式以及全球化的替代方案，并逐渐走向规范和有序，成为了当今世界反全球化运动的另一种重要形式。例如，2002年1月，反全球化的世界社会论坛在巴西与世界经济论坛同期召开，并以反对"由自由市场控制"的全球化和反对"不平等和不公正现象"为主题，与世界经济论坛进行远程抗辩。目前，以反对全球化的运作方式、反对跨国公司、反对美国霸权主义等目标的国际论坛有很多，如世界社会论坛、全球化国际论坛、哈瓦那全球化论坛等。它们定期召开国际会议、甚至选择与一些重要的世界经济组织同期召开会议，讨论全球化带来的弊端与不良后果。其中，规模最大、影响力最深的社会论坛当属于世界社会论坛。反全球化的社会论坛的蓬勃发展不仅是反全球化运动的重要方式，更标志着反全球化运动正在朝着一个理性的、长期的、范围越来越广的趋势发展。

二、反全球化运动产生的根源

任何一种社会运动的兴起和发展，必然有着与之相应的社会基础和社会根源。作为客观存在的全球化进程中的反全球化运动也必然有其兴起和发展的社会根源和历史根源。对此，各国学者站在自己的立场，从不同的视角进行了独特的分析和考察。从中可以看出，反全球化运动的根源是纷繁复杂的，并且涉及诸多方面。但究其根本，反全球化运动产生的主要原因主要体现在以下三个方面。

首先，资本主义基本矛盾通过经济全球化进程在世界范围内的迅速蔓延和发展构成了反全球化运动的根本原因。资本主义的基本矛盾主要体现在生产社会化与生产资料资本主义私有制之间的矛盾。从经济全球化的历史进程伊始，传统的资本主义基本矛盾及其引发的弊端就开始突破原有的国民经济范围，向全球范围内传播和扩延。由民族国家主导的国家垄断资本主义开始向国际垄断资本主义过渡。资本主义在全球范围的高速发展虽然为人类社会的发展带来了先进的物质文明和丰厚的物质财富，并极大地推进了社会生产力的进步，然而，由其本身性质决定的不可调和的基本矛盾所引发的一系列冲突和弊端随着经济全球化的步伐开始在世界范围内进一步蔓延和激化。

资本主义生产力的高速发展开启了经济全球化的历史进程，促进了世界经济的高速增长。在这个进程中，劳动力、生产原材料等生产要素开始在世界范围内自由流动以达到最佳的资源配置和组合方式，为创造利润更大化提供物质基础。此外，世界市场的开拓推进了世界范围内生产和消费网络的建立，资本在世界范围内的流动也随着生产和贸易全球化的发展而越发简便和频繁。资本主义世界经济的发展由此开拓了新的空间、注入了新的活力，开始进入一个全新的、高速发展的国际垄断资本主义阶段。但是，在资本主义世界经济体系中，国家之间、民族之间的社会条件和文化背景各不相同，参差不齐。为了创造利润最大化，生产力高度发展的资本主义国家不仅彼此之间互相争夺世界市场份额，面对本土有限的地域和资源的现状，还利用自身在世界市场上占据的相对竞争力较强的地位，把触角伸向发展中国家及落后地区。

跨国公司的出现不仅是经济全球化发展的助推剂，更是西方资本主义国家踏入发展中国家的有效载体。占用落后的民族国家的领土，利用它们的廉价的劳动力等使其资本主义本身所固有的剥削性和掠夺性赤裸裸地凸现出来。被压榨的民族国家和地区一方面要迎合生产力的高速发展，另一方面要抵制和摆脱西方发达资本主义国家的欺凌，则必须联合起来。在努力增强自身经济实力的同时，也要与其他处于同样要受压榨地位的民族国家共同组成区域性的经济集团，以此提高自身在国际分工中的地位及话语权。同时，经济全球化虽然在一定程度上促进了各民族国家经济的增长，但也引发了一系列的如经济风险、生态环境破坏、贫富差距日益悬殊等全球问题。这些现实问题必将有一天会阻碍经济的发展，受到被家园和自身经济利益受损的民众集体的控诉。

此外，西方发达资本主义国家对发展中国家及落后地区廉价劳动力的利用和广阔地域的占用，也造成他们牺牲了本国工人的部分就业机会，促使本国的失业率增加，一些中产阶级甚至也逐渐落入失业队伍，由此引发了本土受害群众的不满。经济全球化促进了世界经济体系的形成，也就打破了原有的民族或地区的独自调节的局限，需要一种新的国际组织和秩序来对世界范围内的经济生活进行管理和调控。实际上这种组织也已然存在，如世界贸易组织、国际货币基金组织等，但在资本主义国际垄断的大背景下，这些组织几乎是由少数发达资本主义国家操控的，是为垄断资本主义所服务的，它不可能充当"世界政府"的角色，从而资本主义基本矛盾及其内在的剥削性和压榨性在世界范围内肆无忌惮地蔓延和发展。这必将引发反资本主义的因素在世界上的孕育与发展，激化发展中国家及落后地区与发达国家之间的矛盾，从而演化成具有"全球化"特点的反对资本主义、支持全球正义的反全球化运动。

由发展中国家主导和组织的世界社会论坛，就是针对由西方发达资本主义国家主导以推动世界经济发展从而创作更大利润为目的的世界经济论坛而设立的，是反全球化运动逐渐走向成熟的标志。街头抗议游行、制造暴力冲突等形式的反全球化运动日趋减弱和分化，各种反全球化论坛的成立表明了反全球化的主要力量构成已经开始从单纯走向成熟，从非理性走向理性。反全球化运动本身也开始从单一的反对经济全球化的现实表象走向科学、理性地思考如何更好地适应社会生产力发展的需求，以促进人类历史朝着一个更加科学、更加积极的方向去发展转化。

其次，当今世界不合理的国际经济秩序构成了反全球化运动产生的直接原因。二战结束后，西方发达资本主义国家在世界范围内的生产、贸易、金融等方面占据着绝对的垄断统治地位，迫使发展中国家的经济发展不仅受制于资金流通困难、贸易条件恶化、债务负担沉重等方面的影响，还直接遭受了由西方发达国家的剥削和经济危机的转嫁。在经济全球化日益勃兴的今天，国际经济旧秩序的不合理、不公正的问题也越发凸显出来。

在经济全球化发展初期，西方发达资本主义国家的殖民剥削主要体现在把落后的民族国家和地区当作是生产资料的来源地或工业品的倾销场所。而在经济全球化日益成熟发展的今天，西方发达资本主义国家的剥削和压榨主要体现在强制性和压制性的国际分工方面。大多数发展中国家特别是经济落后的国家和地区直接进行国际贸易的主动权相对薄弱，能够利用的国际分工领域相对狭小，尤其是一些最不发达的国家和地区基本被排除在整个国际经济体系之外。无可争议的事实证明，在经济全球化的进程中，西方发达资本主义国家已经成为目前最大的经济受益者。在所谓的"平等"、"互惠"等原则下发展的国际贸易，其实质上更有利于西方资本主义发达国家的对外经济扩张。联合国贸易与发展会议的研究显示，"由于《乌拉圭回合协议》的规定，世界上48个最贫困国家因为出口减少和粮食进口增加，每年要损失3亿至6亿美元。在结构调整背景下的贸易自由化使关税降低，剥夺了许多贫困国家的一个主要税收来源，增加了这些国家公共部门的资金困难"[1]。

此外，"自由贸易"、"公平竞争"的旗帜冠冕堂皇地悬挂在世界市场的空中，但实际上，在背景雄厚，技术、资金、市场管理经验等方面相对成熟和富足的跨国公司的发展和规模小、效益差、技术不够先进的民族国家企业的发展是有天壤之别的，自然自由竞争的结果是不可能公正的。依据比较优势原则和垄断资本主义的盛行，目前世界市场的各种产品的价格仍由西方发达资本主义国家所掌握和操控，发展中国家及其他落后地区是没有话语权的。经济全球化促进了世界经济的快速发展，客观上虽然需求与新形势相适应的国际经济组织和秩序，旧的、不合理的国际经济秩序的改革迫

---

①]简·阿特·斯图尔特：《解析全球化》，吉林人民出版社2003年版，第255页、第256页.

在眉睫，但介于以美国为首的少数西方发达资本主义国家的权威和雄厚的经济、政治以及军事实力，世界贸易组织、世界银行等这些重要的国际组织很难进行真正的改革，公平、正义的维持世界经济秩序，更无法谈及为发展中国家及落后地区解决实际问题。大多时候它们依然扮演着西方发达资本主义国家获取经济利益更大化的工具的角色。这致使许多反全球化者直接把矛头指向了这些国际组织，从而推动了反全球化运动的发生和发展。

2001年11月，由世界贸易组织举行的第四次部长级会议中开始的新一轮多边贸易谈判，即多哈回合贸易谈判旨在促进世贸组织成员国消减贸易壁垒，通过更加公平、正义的贸易环境来促进全球范围内，特别是相对贫穷国家的经济发展。虽然这次谈判从表面上看是为了促进世界经济更加公平的发展和进步，但实质上却是非常复杂，短期内难以实现的理想化的议题。从世界经济发展的现状和各民族国家的具体情况来看，虽然国际经济秩序的改革可以促使世界上的贫穷国家的经济收益大幅度地提高，但与他们所要解决自身的贫穷、落后等问题所需要的巨额资金可以说是杯水车薪。而西方发达国家和中等收入国家仍是国际贸易中获益最大的经济行为体[1]。所以，除了要构建公平的、合理的国际贸易秩序之外，对相对贫穷落后的民族国家在经济、政治以及生活等各方面的援助也是十分重要的。

最后，社会不平等的加剧促进了反全球化运动的前进步伐。经济全球化毋庸置疑的是一把双刃剑，它在为世界市场带来巨大的发展机遇和物质财富的同时，也带来了各种风险。社会生产的发展、资本的流通，在不平等的国际分配秩序和国内分配规则操控下，促使世界各民族国家和地区利益的分享与风险的分担并不均等。这种前所未有的不平等、不公正的世界经济体系造成了全球范围内贫富差距的迅速扩大。也就是说，经济全球化虽然表面上促进了世界范围内经济的快速增长，但实质上，只有少数国家和地区收获了全球范围内的多数财富，而大多数落后国家和贫困者只分享了经济全球化带来的极小部分的财富，甚至还有些落后国家不仅没有收益，反而在这一进程中遭受了国民经济利益减缩的后果。

---

①杰弗里·萨克斯：《贫穷的终结》，上海人民出版社2007年版，第242页。

　　经济全球化所造成的贫富差距的显著扩大首先体现在国际层面上，即指发达国家与发展中国家的贫富差距日益扩大，从而加深了不同类型国家之间的本已存在的两极对立程度。世界银行的一份报告将经济全球化浪潮分为三个时段：首先是1870年—1914年的第一次全球化浪潮。在这次浪潮中，美国、阿根廷、澳大利亚、新西兰跨入了世界富裕国家之列，这些国家把世界上其他国家甩在身后，加快了世界社会不平等的步伐。其次是1945年—1980年的第二次全球化浪潮。在第二次全球化浪潮期间，富裕国家与贫困、落后的国家的差距进一步拉大。最后是1980年至今的第三次全球化浪潮，在这次浪潮中，尽管新兴工业化国家开始追赶富裕国家，但工业化水平较低国家的落后差距却在与日俱增[1]。古巴国务委员会主席菲德尔·卡斯特罗曾指出，"资本主义和新自由主义的全球化带给了我们什么……此时此刻有8亿人口挨饿，10亿人口是文盲，40亿人口生活贫困，2.5亿儿童要做工，1.3亿儿童受不到任何教育，1亿孩子流落街头，每年有

---

　　[1] 黄贵荣、刘金源：《失衡的世界——20世纪人类的贫困现象》，重庆出版社2000年版，第169页。

1100万5岁以下的儿童死于营养不良、贫困和可以预防或可以治愈的疾病；多个国家内部和多个国家之间的贫富差距不断加大"[①]。由发达国家主导的经济全球化"其趋向不是使发展全球化而是使贫穷全球化，不是尊重而是侵犯我们各国的主权，不是主张各国人民之间团结一致而是主张在不平等的市场竞争中各寻活路"[②]。截至20世纪90年代中期，依据英国学者阿特·斯图尔特的数据可以看出，"358位亿万富豪的资产总值超过了世界上23亿人年均收入的总和，而这23亿人占世界人口的45%。即使考虑到反对者所主张的资产并不能直接与收入挂钩的说法，这些统计数字显然也表明了世界资源分配的不平衡"[③]。

其次，贫富差距状况悬殊的现状还体现在不同类型的国家内部，并且其差距悬殊的情况也十分惊人。虽然西方发达资本主义国家整体上操控着世界经济的发展，但在其国家内

① 菲德尔·卡斯特罗：《全球化与现代资本主义》，社会科学文献出版社2000年版，第54页、第55页。

② 菲德尔·卡斯特罗：《全球化与现代资本主义》，社会科学文献出版社2000年版，第106页。

③ 简·阿特·斯图尔特：《解析全球化》，吉林人民出版社2003年版，第285页。

部也不乏一些经济全球化的受害者。以英国和美国为例，它们虽然是新自由主义的积极推动者，但在其本国内部也出现了严重的社会不平等现象。在英国，二战后几十年来，国内最贫困的10%的民众的实际经济收入不仅没有增加，反而还下降了13%；而相对应的国内最富裕的10%的民众的实际经济收入却增加了65%。2000年4月，根据英国统计局关于财富分配的年度报告可以看出，"1995年—1996年度和1998年—1999年度，居民可支配收入总和的不均有所增加，基尼系数从0.33增加到0.35，贫富差距由此扩大到40年以来的最高点"[①]。在美国，"5%最富裕人口和5%最贫困人口的家庭收入差距在1947年—1973年之间已经缩小，但是在1973年—1996年之间却猛增50%以上。到了20世纪80年代，美国30%的上层人实际收入增加了，但70%的下层人实际收入却下降了，形成了鲜明的对比。到2000年，美国最富裕的20%的人口获得全部收入的49.7%，比1999年提高0.3个百分点；其中最富裕的5%的人口获得的收入占总收入的比重从21.5%上升到21.9%，而收入最

---

① 韩民春：《从"数字鸿沟"看世界经济发展与贫富差距》，《太平洋学报》2001年第1期。

低的20%的人口所得仅为总收入的3.6%"①。

由此可见，以贫富差距悬殊为标志的社会不平等现象虽然不是经济全球化的产物，但毋庸置疑的是经济全球化历史进程加剧了全球范围内社会不平等现象的深化。无论是在单一国家内部的层面还是在国际层面，社会不平等都已经成为十分普遍的现象。贫富差距日益悬殊不仅使穷国和富国之间、穷人与富人之间的基本矛盾日益激化，还造成他们在地位上的对立越来越严重。因此，在经济全球化的历史进程中没有受益、甚至是因此遭受到各种损失的民族国家和群众，以及在经济全球化中获益的国家内部那些没有获得相应发展好处、甚至遭受损失的个人，都对经济全球化本身产生了质疑，并对其引发的贫富差距扩大、两极分化严重的负面后果表示抗议，由此促进了反全球化运动的发生和发展。此外，1997年—1998年的亚洲金融危机和经济全球化所引发的全球生态恶化也都作为助推剂推动了反全球化运动的发展。

---

① 孙辉，王传宝：《全球化时代欧、美国家社会贫富分化论析》，《欧洲》2002年第2期。

三、反全球化运动的主要特征

反全球化运动是当今世界上规模最大、影响力最深的社会性运动。从反全球化运动的进程和社会原因来看，反全球化人士针对的主要目标主要来源于三个方面。首先，他们反对的不是所有意义上的全球化而是资本主义或帝国主义的全球化，反对的是经济全球化背后的资本主义制度。其次，如前任联合国秘书长安南所说，他们反对的是全球化过程中出现的弊端，反对由经济全球化引发的贫富悬殊差异加剧、生态环境恶化严重等全球问题。最后，一些反全球化者把全球化等同于"西方化"或"美国化"，即把经济全球化等同于资本主义全球化。他们反对的是带有剥削性、局限性的全球化[①]。反全球化人士所针对的目标载体主要可以分为重要的国际经济组织，如世界贸易组织、世界银行等；国际上著名的跨国公司，如微软、麦当劳等；多边贸易协定，如欧盟一体化、北美自由贸易区协议等。对其进行抗议示威的罪名主要包含违反民主原则、破坏生态环境、破坏知识产权等。抗议的主要方式是街头的示威游行

———————

① 杨中强：《全球化的不平之音——当前反全球化运动透视》，《当代思潮》2002年第1期。

和反全球化的社会论坛的召开。

从中可以看出，大多数的反全球化人士实际上是经济全球化的积极支持者，至少不是反对者。他们所推行和倡导的是另一种维护在全球化进程中受害群体的利益和地位的全球化运动。例如他们支持全球民主制度、全球治理以及全球统一劳工标准等。反全球化运动跟劳工运动、人权运动、学生运动等都属于一类具有反抗性质的社会性运动，只是它是最包容、最庞杂的一种社会运动。反全球化运动的实质也就最具代表性的，它是一种非政府的群众抗议运动，主要以反对由资本主义主导的经济全球化所引发的一系列弊端与矛盾，倡导公平、正义的世界经济秩序，促进人类历史朝着一个更加科学、更加积极的方向发展为主要目标的运动。反全球化运动作为当今世界客观存在的现象，其自身也呈现出很多特点。

首先，反全球化运动的力量构成与目标的复杂性。从近十多年各地爆发的反全球化运动浪潮中和连续几年召开的世界社会论坛中，我们可以看出，反全球化运动之所以能够发展成为当今世界上参与人数最多、覆盖区域最广、影响力最强的社会运动，其根本就在于它的包容性，也就是它接纳了世界范围内各式各样的反全球化力量。其力量构成的复杂性也决定了其反全球化目标的复杂性，二者之间密不可分。

反全球化运动力量构成的复杂性主要体现在它是由劳工组织、农民组织、妇女组织、环保组织、人权组织等所有对社会有不满情绪，由于经济全球化的发展损害了自身利益的形形色色的非政府组织、抗议联盟以及群众组成。它们当中包含环保主义者、农产品保护主义者、左翼力量，甚至还包括极端主义者。美国学者托马斯·弗里德曼认为，"反对全球化力量……本身包含许多完全不同、没有联系的团体——如保护主义的工会、环境保护主义者、保护海龟积极分子、挽救海豚积极分子、反对转基因食物的团体，甚至还有一个名为'不同的手势'的团体，他们组成一个稀奇古怪的联盟"[1]。这些组织和联盟既有来自西方发达资本主义国家的，也有来自发展中国家以及更加落后的地区的。在西方发达资本主义国家，反全球化的主要力量构成主要由对政府不满、对未来担忧的下层民众和生活条件以及就业环境日渐恶化的中产阶级构成。而在经济政

①托马斯·弗里德曼：《直面全球化——"凌志汽车"与"橄榄树"》，国际文化出版公司2003年版，第346页、第347页。

治地位相对薄弱的发展中国家，特别是长期受到西方发达国家排斥和打击的国家，如泰国、印尼、菲律宾等国家，反全球化的声音已经遍及社会的各个阶层。而在经济政治等方面都处于上升阶段，在经济全球化进程中受益颇多的发展中国家，如中国、巴西、印度等，反全球化的声音相对较为薄弱。

反全球化运动的纷繁复杂的力量构成也表明了他们多样化利益的诉求。不同的派别和联盟在反全球化运动中宣泄自己的不满，提出不同的利益诉求。从反对不公正的经济秩序到反对跨国公司；从要求彻底废除贫穷国家的经济债务到保卫发展中国家的传统文化，从反对新殖民主义到维护民族国家的主权，从强调环保到倡导宗教自由和性别平等，不一而足。当然其中也混有极端主义者打着反全球化的旗号进行抗议游行，甚至制造暴力冲突和恐怖事件来实现其自己完全不同的目的。不同的利益群体有着不同的奋斗目标，这些利益诉求交织在一起，使得反全球化运动的发展具有了更多变数和不确定性。

其次，反全球化运动的力量构成在地域上和产业上分布的不平衡性。反全球化运动在地域分布上主要集中在西方发达国家。反全球化运动起源于西方，在西方有着非常深厚的社会基础。以"西雅图之战"为标志的大多数反全球化的抗议示威浪潮都主要集中在西方世界。可以说，以美国、英国为首的西方发达国家已经成为反全球化的中心和动力源。中国学者陈铁源指出：在反全球化运动中，"抗议者反对由资本主义主导下的经济全球化给人类带来的所有灾难"。因此，"'资本主义的最大反对力量来自资本主义内部'这一命题仍然成立。来自强势资本主义内部的反对力量目前仍然处于强势地位，其他力量无法发起挑战"①。由此可以看出西方发达国家在率先从经济全球化进程中获得收益的同时，也提前尝到了经济全球化所带来的负面影响。在西方国家，跨国公司的对外投资导致本土失业率增加，为创造利益最大化引发的生态问题日益严重等都引发了西方不同阶层投身于反全球化运动中。此外，还有部分群众本身并没有受到利益损害，但他们支持全球正义和生态平衡，并因此积极地加入到反全球化运动中来。在反全球化运动中，发展中国家一直

---

① 陈铁源：《谁是全球化的最大反对者》，《环球时报》2000年6月2日。

处于边缘地带。虽然当重要的国际会议在发展中国家召开时，也会引发反全球化人士的抗议和游行，但无论从组织规模上，还是影响力上远远不如在西方国家发动的反全球化运动。在经济全球化进程中受益颇多的中国、墨西哥等国家，反全球化的声音相对较小，而在经济全球进程受损严重或经受经济危机的发展中国家如泰国、印尼等，虽然反全球化的声音较大，反全球化运动的活动也接连不断，但由于信息闭塞、科技水平落后，导致反全球化运动的宣传、动员等工作不能有效地进行。

反全球化运动在地域分布上显现出不平衡的同时，在产业上也显现出不平衡性。反全球化的力量构成主要来源于西方发达国家的"旧经济部门"，强烈反对和抗议的也是旧的不合理、不公平的国际经济秩序。生产力的高速发展在经济全球化进程中表现为旧的民族工业如钢铁、机械等部门的发展日益走向弱势，而以新科学技术为代表的计算机、通信等产业具有较强的竞争力，其发展趋势也蒸蒸日上。为降低成本，增加收益，在竞争中占据有利位置，西方发达国家又把工厂、资金投入到发展中国家，这让本土的工人阶级甚至中产阶级的生活经济收入受到了严重的打压，也造成了在旧的经济部门所产生的反全球化的情绪高涨，也就是说反全球化运动的目标直指向了西方国家的旧的经济产业。而新的经济产业由于其竞争力强，带来的收益也远远大于其隐存的不良后果。所以相对地人们更期待它所带来的受益，而更少地去考虑其背后的剥削与压迫的资本主义本质。

最后，反全球化运动斗争方式的多样性。反全球化运动作为当今世界上社会基础最广、规模最大的社会运动，其组织形式和斗争方式可谓多种多样。其中，反全球化运动的组织形式主要可以归纳为两种，即大规模的抗议游行和以反全球化为宗旨的社会论坛。其斗争方式也可以归纳为两种，即非暴力和暴力的斗争方式。

"西雅图之战"结束后，伴随重要的国际会议而举行的大规模的示威游行已经成为了全球化运动的基本形式。但凡当今世界中有重要的国际会议召开，就一定会有一支由世界各地的民众组织起来的抗议队伍在会场周边进行示威游行。其游行的方式主要是打着一些反全球化的标语，高喊口号，或静坐会场门口阻止参会人员入席，或组织集会发表关于反全球化的演说，煽动当地民众的反全球化情绪等。反全球化的抗议游行主要采取的是非暴力的斗争方式，这主要是因为反全球化人士大多是在各类非政府组织的发动下组织起来的，他们本质上所倡导的和宣扬的就是公平正义与非暴力。他们认为所有的一切暴力行为都不利于反全球化运动的开展，不利于世界的和平。此外，作为另一支重要的反全球化的力量即反全球化的社会论坛的召开和举办更是以和平的方式进行的，它们召开的地点大多选在发展中国家，召开的时间选择与重要的国际会议同期，参与的人员大多是想从本质上解决问题的理性的学者，他们的侧重点在于用思辨的态度提出问题、考虑问题、解决问题。这一切都证明了反全球化社会论坛的举办和召开是以一种和平的方式进行的。

当然，在这种和平的、非暴力的主流斗争方式的背后，也存在着极小部分极端分子所引发的暴力行为。特别是在街头的反全球化抗议浪潮中，往往会隐匿着暴力现象，并且在逐步蔓延，引起社会各界的注意。加拿大安全情报局2000年的一份报告指出，绝大多数的抗议示威群体都是用和平、合法的方式规范其自身的行动，只有极少数暴力分子和极端派怀揣其他的念头。这些极端派大多数由无政府主义者、动物权利保护者等群体组成。他们认为街头游行和发表演说等抗议方式已经无法取得成效。因此，他们有必要通过采取"直接行动"进行抗议示威，例如打碎窗户、四处放火和砸毁商店等。这种混杂在反全球化的抗议游行的暴力因素的蔓延主要是因为反全球化运动缺乏组织性和纪律性。反全球化者主要包含世界各地的被全球化进程侵害了自身利益的组织和个人，他们因为同一个目标而汇集在一起，但却缺乏领导者和制度规范，这就使得一些仇视社会、搅局的极端分子混入其中。他们借助示威游行活动在街上烧毁汽车、打碎商场玻璃、毁坏建筑等等，这些不理智的行为必将引起警方的制止，并把矛头指向反全球化运动的本身。2001年7月的"热那亚之战"是近十余年暴力参与程度最严重的抗议活动。"为同警方对抗，一些反全球化人士装备了模仿古代战争中使用的撞城槌、弹射器，用废旧轮胎制成的'冲锋战车'，向海上目标冲击用的'皮筏'，这些工具很快在对抗中有了用武之地。十多万人的游行示威很快演变成暴力冲突，一名罗马青年在冲突中被警方击毙，他成为西方反全球化运动牺牲的第一人。暴力冲突不仅造成300多人受伤，而且还毁坏了83辆汽车、41家商店、34家银行，直接经济损失达1000亿里拉"①。

四、反全球化运动的影响和发展趋势

反全球化运动是经济全球化发展到一定程度的阶段性产物，并与经济全球化进程相伴相随。它揭示了经济全球化现存的缺点和弊端，并引发了各民族国家内部和国际层面上的高度重视，它适时地提醒了各国政府在推动全球化进程的同时，还应该认真审视经济全球化进程所带来的其他方面的失衡和偏差。然而，也不可否认由于反全球化力量构成鱼龙混杂，一些反全球化人士简单地把全球正义问题、阶级矛盾、生态问题等都归结于经济全球化，并将矛头和炮火直指向重要的国际经济组织，这是有失偏颇的。所以，反全球化同经济全球化一样，也是一把"双刃剑"，在适时地敲响了警钟、发挥了积极作用的同时，也带来了一定程度上的消极效应。

---

① 龙向阳：《从热那亚事件看反全球化运动》，《东南亚研究》2001年第6期。

一方面，首先，反全球化运动的兴起和发展犹如一座警钟，让那些盲目追捧经济全球化所带来的巨大利益的人们清醒过来，开始客观地审视经济全球化所带来的负面影响和不良后果，分析其实质和根源。反全球化运动目标的复杂性正是全面地揭发了经济全球化背后的弊端和消极影响，如人类共同的生态与资源危机，世界贫富差距越发悬殊，社会不平等现象日益严重等。虽然经济全球化的发展是当代生产力发展的客观需求，反全球化无力改变这种现状，但对于反全球化运动浪潮声势浩大的袭来，国际社会不得不开始认真思考，对经济全球化的各个方面进行调整和改革，以努力克服和消除经济全球化进程中的不良因素，推动其向更合理、公正的方向发展。

其次，反全球化运动有效地促进了国际经济旧秩序的改革和与时俱进。大多数反对全球化的声音并不是针对经济全球化本身，而是针对其所带来的经济、社会、生态方面的不良后果。其中反全球化运动的主要矛头之一就是指向由西方发达国家主导的不公正、不合理、不透明的国际经济旧秩序和全球资本主义，其载体主要体现在重要的国际经济组织如世界贸易组织、国际货币基金组织等。面对反全球化运动的强大压力，西方发达国家认识到如果不能有效地缓解和控制富国和穷国之间的发展差距，不仅世界安全和稳定会受到威胁，他们自身的发展也即将会面临窘境。为此，它们在重新制定和修改国际经济秩序时，不得不顾虑发展中国家的利益。针对反全球化运动指责的国际经济组织缺乏民主性、公开性，由西方发达国家操控的世界贸易组织、世界银行等不得不采取一些措施吸收和听取发展中国家和弱势群体的意见。以世界银行为例，它邀请一些非政府组织或弱势群体代表参与讨论和政策的制定，还发出倡议说，"全球性行动通常要在全球或国际论坛上讨论，如国家组织会议、国际组织、联合国会议和其他会议等。确保穷国，尤其是穷国的穷人能在这些场合充分地表达意见，有助于保证这些机构关注穷人的需要"[1]。由此可见，反全球化人士的抗议已经有了成效，使西方发达国家倍感压力，从而增强了世界贸易组织、世界银行等国际经济组织的透明度和责任感。

此外，反全球化运动的发展提升了发展中国家和弱势群体

---

① 《2000/2001年世界发展报告》，中国财政经济出版社2001年版，第185页。

在国际上的话语权。反全球化运动规模日益扩大、涉及范围和产业越来越广、影响越来越深的趋势，迫使西方发达国家开始重视一直在国际经济政治地位中处于边缘角落的发展中国家和弱势群体。在世界经济高速发展的进程中，西方发达国家一直掌握着经济全球化进程中的各种游戏规则，发展中国家处于附属的位置，为迎合经济全球化的需要作出种种让步。单独的或几个发展中国家或落后地区的力量是很难与西方发达国家抗衡的。反全球化运动使全世界的发展中国家和弱势群体为了各自不同的利益需求联合起来，共同对抗西方发达国家的霸权和欺辱。在西雅图世贸组织的第三次部长会议上，少数发展中国家的代表就表示，随着经济全球化的发展，发展中国家已经被边缘了，时刻受到维护西方发达国家利益的经济秩序和贸易壁垒的欺凌，这是不合理，也是不公平的。而在会场外，反全球化运动的抗议游行如火如荼地进行，与会场内的对抗遥相呼应。这是人类历史上贫困国家首次正式对话西方发达国家，控诉其剥削、不合理的体制，要求维护自身的利益。这一切行动让一直主宰国际经济政治秩序的西方国家意识到有必要重视和选择性地吸收发展中国家和弱势群体的声音和意见，以此维护全球的和谐发展和保障自身的权益。此外，反全球化运动各种诉求力量的紧密联合也为发展中国家进一步加强南南合作也奠定了社会基础。近年来，东亚、拉美以及非洲的跨区域合作再度焕发生机，打开了新的局面，其根本原因就是为迎接经济全球化的挑战。

综上所述，反全球化运动对当前经济全球化进程确实起到了一种积极的制衡作用。它犹如一面镜子，将经济全球化的各种负面影响和弊端及时映照出来，为经济全球化的追捧者和推动者敲响了警钟，迫使其开始认真关注和审视潜藏在经济全球化背后的消极后果，并对经济全球化发展的规则秩序及前进方向和进行科学的调整，从而推进经济全球化的历史进程朝着更加公平、正义和可持续发展的方向迈进。

另一方面，反全球化运动作为经济全球化进程中的一柄"双刃剑"，在积极地推进当今社会朝着公平、正义的方向发展的同时，也存在着消极的影响和意义。首先，反全球化运动的力量构成复杂多样，对全球化的认识具有片面性，其提出的理论也缺乏科学性。有很多极端反全球化人士单纯、片面地把矛头指向了经济全球化本身或国际经济组织，而无视经济全球化作为生产力发展的客观存在，这是不利于甚至会暂时性的阻碍经济全球化有利一面的发挥和发展。例如在西方发达国家的失业问题方面，并不能把所有的失业都归咎于跨国公司的扩张，生产力发展带来的社会进步也造成了部分群体的暂时失业。同时，在理论上，反全球化运动还处在感性阶段，缺乏理性的思考。反全球化运动的多数组织和群体仅仅从他们各自的利益出发提出问题，却没有思考过其问题产生的根源和真正解决问题的可行方案。这种感性、盲目的抗议更容易被西方发达国家利用，成为其实施贸易保护主义，对发展中国家的经济发展施加限制的新借口。

其次，反全球化运动中参杂的某些无意义的暴力抗议，干扰正常的社会秩序，影响了社会稳定。例如，1999年的"西雅图之战"，原本和平的示威活动很快就失去控制而演化成大规模的骚乱。2001年7月，围绕热那亚举行的八国峰会的反全球化运动首次出现了示威者被警察枪杀身亡的状况。这些反全球化运动的暴力成分造成了示威者和对示威进行武力防范和控制的警员都发生过伤亡，也经常会出现示威者被逮捕拘禁的状况。它们也在一定程度上影响了反全球化运动的正面形象，直接有损于反全球化运动的号召力，让公众很难真正关注和支持反全球化运动本身，而只是着眼于反全球化运动所采取的五花八门的方式，以及多数以闹剧收场的结果，从而降低了反全球化运动的积极作用。

经济全球化进程作为生产力发展的客观趋势，从总体上来看必将朝着更合理、更公正的方向前进。但就其背后隐藏的国际垄断资本主义基本矛盾也将一直持续下去，不可能在短时期内得到解决。虽然日益蓬勃发展的反全球化运动已经引起了国际上的关注，由西方发达国家操控的国际经济政治秩序也在向民主化、公开化、透明化方向发展。但这种已经长期被扭曲的国际经济关系现状不可能在短期内有质的改变。例如，新自由主义依然是惯常做法；经济结构调整方案依然原封未动；全球经济治理潜在的意识形态依然没有任何改变。也就是说，与经济全球化大浪潮伴随的全球正义问题、经济风险、生态问题等在短期内不会得到根本上的解决，因此反全球化运动也会伴随着经济全球的进程持续发展下去。

首先，反全球化运动的趋势逐渐向目标更统一、组织更有序、思考更理性的方向发展。反全球化运动的群众基础是由世界范围内被经济全球化进程阻碍了自身的发展或损害了自身的利益的各阶层组织和民众所构成，这决定了反全球化运动目标的分散性和复杂性。随着反全球化运动的开展，大家开始意识到仅专注于自身的利益损害带来的五花八门的抗议口号并不能引起经济全球化推动者的注意，只有目标统一、口号整齐才能唤醒世界的耳朵。所以针对不同的重要的国际经济会议或论坛的召开，反全球化运动的口号也更加整齐，提出的问题也更加尖锐，有效地推动了反全球化运动的积极作用。同时，反全球化人士认识到没有秩序约束、缺乏理性思考只能让活动在形式上做文章，而很难解决实质问题。为此，一些有识之士开始认真思考、审视反全球化运动的本质和作用，用科学理论的武器与经济全球化进行抗衡，并针对目前活动的无序性加以改良。例如加强反全球化运动前期的宣传和联络，对于抗议活动的目标进行归纳和整合，以便抗议游行能够更有序、有效率、有力量地开展。世界社会论坛的形成和举办也证明了反全球化正在向理性化和有序化的轨道前进。

其次，和平的抗议示威方式将越来越占据反全球化运动斗争方式的主流，暴力冲突将日益缩减。目前，街头抗议游行的方式仍然是反全球化运动的主要方式，因为它能更直接地反映出经济全球化受害者的压力与不满，也能更有效地引起国际社会的关注，并为此采取相对妥协的改革措施，缓解冲突，以维护自身的利益。而混杂在反全球化运动中的一些极端分子引发的暴力冲突不仅使反全球化运动丧失了部分群众基础，也违背了大多数反全球化人士的最初意愿，这使得极端分子在活动中越来越受到打压，促使其反全球化运动的暴力冲突逐渐萎缩。正如有的学者所指出的，"有一点是肯定的，类似西雅图或者布拉格那样的激进街头暴力抗议可能要降温，因为反全球化力量在重新思考他们的策略与手段，以使抗议取得真正的效果"①。

此外，西方国家作为反全球化运动的中心位置不会改变，但在发展中国家的反全球化运动的情绪也会日益高涨。西方国家作为主战场的最主要原因是反全球化运动的重要利益诉求之一就是反对在经济全球化进程中西方发达国家对发展中国家的剥削与压榨，以及由西方国家主导的不合理、不

---

① 庞中英：《另一种全球化——对"反全球化"现象的调查与思考》，《世界经济与政治》2001年第2期。

公正的国际经济旧秩序。随着国际垄断资本主义基本矛盾的不断深化，这个主流的利益诉求与不满短期内不会有所改变甚至还会增强，这决定了西方国家作为反全球化运动主战场的持续性。随着经济全球化的深入发展，其所带来的利益不平衡性造成了东西方日益悬殊的财富差距，甚至一个国家内部的利益分化也越来越严重，财富只集中在少数国家和少数社会阶层手中，而多数国家和民众都受益有限甚至受到损害①。在发展中国家，特别是经济利益受损严重、甚至遭受了经济危机牵连的发展中国家，其内部反全球化的情绪日益高涨，但由于重要的国际经济论坛大多在西方发达国家召开，由于客观原因受到损害的发展中国家的反全球化人士很难直接参与到西方的抗议游行中去；同时在发展中国家和落后地区，信息的传递、网络的覆盖受限严重，也直接影响了发展中国家的反全球化运动的开展。介于此种情况，以第三世界为中心召开的反全球化社会论坛适时地出现，满足了第三世界内部

① 罗伯特·亨特·韦德在《富者越富，穷者越穷——不断上升的世界不平等分配》一文中认为，"造成世界收入分配不平等加剧的原因有：富国与穷国之间不同的人口增长率；债务陷阱；技术变革"。英国《金融与发展》2001年第12期，转引自《国外社会科学文摘》2002年第4期。

的反全球化运动的需求。连续召开、有序进行的以世界社会论坛为首的反全球化社会论坛有效拉开了反全球化运动在发展中国家开展的序幕。

总之，反全球化运动并非昙花一现，而是伴随着经济全球化的推进而发展的，虽然它不能代表历史的前进方向，也不能代表各国人民最根本的利益诉求，但客观、科学地审视反全球化运动不仅可以进一步争取发展中国家和弱势群体的利益，更有利于消解经济全球化的种种缺陷和弊端，推进经济全球化向着公正、合理的良性方向迈进。

第三节　经济全球化背景下国际关系的新特点

一、国际分工与商品结构不断细化

随着世界市场的发展，不仅参与世界经济活动的行为主体的数量在迅猛增加，而且其参与程度也在不断加深；世界范围内的资源愈发地可以自由流动和优化配置，由此促进了国际分工和商品结构的不断细化。

　　首先，各个发展中国家在政治上、经济上谋求独立发展，一些国家变成了新兴工业国，积极参与国际分工和国际贸易，打破了旧的国际分工体系。其次，跨国公司采取最佳分工结构组合和配置垄断资本，利用各国的资源、劳动力、技术等优势配置生产力，大大提高了经济效益，实现生产和贸易的全球化规模经营。再次，科技进步及其创新应用于生产，促进了新的分工的产生，新的分工又由于科技进步成果应用的巨大效益得到巩固，二者相互推进形成了生产力的巨大动力。尤其是全球兴起的信息技术革命把世界带入一个信息时代，它使世界经济领域的活动发生了巨大的改观。信息技术成果的广泛应用使信息产业成为当今世界发展势头最迅猛的新产业，它的高速发展对国际分工产生了深远的影响，以信息产业为核心的一大批新产业形成了工业本身的国际分工深化；由于信息产业的全球性特征，使各国在信息产品上不存在明显的比较优势，因而该领域能充分表现出产业内部分工，从而推动了同一水平国际分工合作的进一步发展。同时，随着国际分工的不断深化，国际贸易商品结构也发生了相应的变化。初级产品在国际贸易中的比重不断下降，工业制成品的比重不断上升，而在工业制成品中机械产品，电子产品和与新技术有关的产品的比重在加大。

二、国际合作与冲突并存发展

世界市场的快速发展促使各个国家间、不同世界区域间相互依赖程度不断加深，共存的经济利益在增长，国际合作的领域日益扩展，合作的程度进一步加深，与此同时，世界各国对世界市场的争夺也日趋激烈。任何一个国家或者国家集团无论经济实力多么强大，均不能特立独行，无所顾忌。国家之间，尤其是大国之间在处理彼此之间的利益关系时，必须注重加强合作与互相沟通。

国际合作是指各国际关系行为体之间在一定的领域和范围内，在利益和目标基本一致的基础上进行的一定程度的协调和联合。合作的领域包含政治、经济、技术、文化等。合作的规模可以分为双边、区域性和全球性合作等。当世界市场发展到经济全球化时代，协调与合作日益成为了国家间关系的主旋律。国际行为体之间的多渠道、多层次联系和交流的日益扩大，促使国家间的沟通、协调与合作呈现出新特点：不同国家、地区之间在经济领域的合作内容逐渐丰富，机会增多。与此同时，彼此间的机制化、制度化、常态化的磋商与相互协调已经成为处理国家间关系、解决国家间的经济利益矛盾的主要方式。

在价值认同上，由于国家之间的联系日益密切，相互依存关系日益加强，导致各国在全球性治理方面上的共识增多，甚至可以超越政治经济与社会制度的差异而形成新的共识。20世纪90年代以来，中美关系的进一步改善和发展的一个主要因素就在于经济全球化发展，作为最大的发达国家美国与最大的发展中国家中国之间的关系因政治经济与社会制度的差异，中美关系一直比较紧张，争端不断，甚至陷入危机之中。但是，由于中美两国在经济上的结构性差异导致经济上的互补性很强。美国因资本丰富、科学技术先进，需要开拓国外市场，而中国拥有潜力无比巨大的消费市场和丰富的人力资源，因而促进了中美之间的经济技术合作关系快速发展。美国是中国的第二大贸易伙伴，美国每年通过从中国进口大宗商品而为中国提供了几十万个就业岗位数，中国每年为美国提供了上百万个就业机会。中美间的经济互利互惠关系极大地推动了两国之间的政治关系的进一步改善，双方的经济政治对话不断，高层互访频繁，协调与合作不断加强。就解决和应对全球问题普遍交换意见，尤其是在资源、环保、能源、国际安全等全球性问题上增加对话，拓展合作范围，深化合作层次，保持中美关系的合作大局。

然而，各个国家的国际地位、处境和经济发展水平有所差异，发达国家和发展中国家政治经济地位不平等，强权政治和霸权主义的存在都阻碍和威胁了国际合作的进程，导致世界市场上国际冲突不断加剧。国际冲突是各种国际行为体之间因利益和目标不同而造成的矛盾和对立，从冲突的领域来区分，国际冲突主要包含经济、政治、军事冲突等内容。按照激烈程度国际冲突可分为语言象征性冲突、非对抗性矛盾引起的冲突、对抗性矛盾引起的冲突、国际危机、国际战争五个层次。目前，参与经济全球化的主体数量急剧增加，利益矛盾引发的国际竞争、国际冲突也日益加剧，呈现出四个特点：（1）冲突与斗争的非对称性。经济全球化引发的国际冲突又主要体现在发达国家与发展中国家之间的矛盾与纷争，发达国家是国际经济政治旧秩序的主导者，是国际规则的制定者，广大的发展中国家虽然在国际政治经济生活中缺乏话语权，但是斗争、抗争从来没有停止过。这种实力不对称的冲突直接导致国际局势的紧张与动荡不断，甚至出现局部战争。（2）世界经济全球化促使国家间相互依存关系深化，交往日益增多，从而国家间利益冲突的机会频现，斗争也更加复杂化、经常化。（3）内外有别的差异等政策的出现。区域性经济集团的内部成员通过协商加强组织内国家间的合作的同时，对组织外、区域经济集团外的国家的保护主义抬头，制裁与贸易战日趋加剧。（4）国际合作日益密切，导致大国干涉他国内政有了便利的途径，一些国家的主权受到了威胁，威胁与反威胁的斗争进一步强化了国际冲突。

三、经济政治双化倾向不断增强

21世纪世界市场的迅猛发展促使国际关系出现了经济日益政治化、政治日益经济化的所谓双化趋向的交互发展。一方面，国际经济关系政治化趋势日益加强。经济关系的协调与经济利益矛盾的解决要依赖国家和政府积极介入、主动参与国际政治谈判来实现，经济问题的解决更多地依赖政治途径与政府参与的国际政治博弈。

经济全球化的大浪潮使国家之间、不同区域集团之间的政治对话日益增多，政策方面的合作日益增强，一个国家在经济上自行其是、完全独立自主已经是不可能的。各国的经济政策选择和经济活动在影响他国经济的同时，也必然会受其他国家反制性政策的影响和制约。在相互依存的世界经济体系里，日益激烈的有时甚至是残酷的对于经济利益的争夺，致使国家干预主义盛行。各国政府比以往更积极的制定政策，更广泛地行使社会管理职能，各国都在积极制定自己的货币金融政策、财政政策以及国际贸易政策，促进本国经济利益的最大化，保障国家的经济安全。其中，以政策、法律法规为基础展开的对国际经济贸易活动的有效管理是世界各国干预经济活动的主要体现。制定和执行经贸政策和法律法规是控制国家对外经贸活动的有效手段。在经济全球化迅速发展的今天，充分发挥资金及技术优势，不断开拓世界市场，占有更多的市场份额，是实现国家经济利益最大化、维护国家积极安全的理性选择。但是，一个国家经济利益的维护与增进不能单纯依靠竞争的市场来实现，国家和政府的强有力的政治介入，积极的国际政治协调、协商、谈判，甚至贸易战威胁是不可或缺的。

另一方面，与国际经济关系政治化趋势日益加强相反，政治关系经济化趋势也在加强，政治功能的经济化在不断扩大。经济全球化的日益发展正在不断强化着经济在国际政治生活中的基础性作用。政治目标、政治价值要借助于经济途径、经济手段、经济利益来实现。或者说经济领域、经济手段、经济利益总是蕴涵着政治价值。各国政府积极制定政策，采用经济手段和法律手段加强对国家经济生活的干预和管理，凭借这种国家强制性公共权力参与对经济利益的分配，促使政治的经济功能进一步扩大。与此同时，在国际经济交流、交往、协调、合作中，在经济关系的背后，通常隐藏着实现国家战略的间接政治目的。冷战结束后，美国不断加强同其他国家的双边、多边贸易对话，扩大美国对外贸易活动，其根本目的就在于继续维持美国的军事霸权态势，同时通过扩大对外贸易活动获得多样化的资源以巩固其新时期的经济霸权支出，甚至以经济制裁、贸易战相威胁来实现自己的政治目的，干涉别国内政，颠覆他国政权，国家的对外经济政策和对外经济行为就具有了政治性质。国家间的经济关系在很大程度上是一种为谋求本国利益而建立的政治关系。它构成了当今国际关系的主要内容，同时也反映了国际政治的现实。政治外交成为不同国家和不同的区域经济集团之间解决和处理经济矛盾的常用的有效手段。

四、国际关系制度化深入发展

经济全球化为国际关系制度化的日益加强提供了必要性。经济全球化导致经济上的相互依存日益加深，利益关系与利益矛盾日益复杂化了，单纯依靠国际行为主体的自律是不能协调和实现利益关系的平衡的，由国际规范、国际组织、国际秩序所构成的国际制度的不断完善、不断发展是十分必要的。在经济全球化的背景下，国际社会为适应国际关系稳定发展的需要，进一步强化国际制度建设，以此实现国际关系行为体之间的利益关系的协调，促进各国经济的共同发展。经济全球化导致国际制度朝着规范化方向进一步发展，进而使得国际关系显现出秩序化、规范化的特征。

冷战结束后，国际贸易快速发展，国际金融市场急剧膨胀，尤其是2008年美国金融危机以来，各国保护主义盛行，南北经济关系的对立因为世界贫富差距的扩大而变得更加尖锐。这些问题的出现，使正常的国际经济关系秩序遭到破坏，尤其是随着经济全球化进程的加快，在生产和资本流通领域发生的种种失衡、国际关系的动荡和危机都会逐步增多，因此，必须促使国际社会建立和完善一系列的制度法规，对国际关系的无序状态进行有力有效地管理和约束，从而维持国际关系的正常发展。主权国家的国内法规、主权国家间的双边协定、区域性组织多边协议、全球性组织的多边协议逐步完善、规范；种类繁多的国际制度、法律和条例开始以迅猛的速度和广度增加，这些国际制度从不同的角度和层面规范着国际行为主体的自主选择，引导着国际行为主体，尤其是主权国家的经济发展趋向，国际政治的包容性也成为理性的必然选择。

自从联合国建立以来，它尽管不时地受到某些大国的操纵和控制，成为实现大国利益的工具。但是，作为当今世界上最大的由主权国家组成的政府间国际社会体系，联合国一直沿着自身的轨迹努力前行，尽管步履维艰，发挥着其他国际组织不可比拟和不能替代的作用。在经济全球化背景下，联合国及其相关组织与机构所确定的规范、原则、制度已经日益成为衡量世界各国政府以及国际行为主体的政策与行为的合法性依据。联合国安理会所通过的各项决议、决定，已经成为维护世界局势的稳定，维护和促进世界和平的重要根据。美国反复无常的行为，以及一些国家无视联合国警告而采取的危险步骤，并不能改变广泛的共识：在一个不完美、有严重缺失的世界，没有联合国的存在将更加糟糕。同样的话，也可适用于近些年来影响力不断上升的世界贸易组织、世界卫生组织、全球裁军体系、公民政治权利国际公约、联合国难民署等组织机构及条约法规，它们组合在一起，形成"大网"的不同纲、目，共同编织和维系地球上的人类生活。

国际关系制度化形成于20世纪50年代，迅速发展于20世纪90年代，随着国际制度的不断完善，国际关系制度化主要表现在国际经济关系的规范将在全球和区域性制度安排下进一步强化和完善；操作性制度管理将成为国际关系制度化的主要内容。英国当代思想家斯兰吉奇指出，在国际制度网络化下的世界，出现了三个有重大意义的趋向：（1）市场规则成为关键的决定要素。决定后果的权力是由市场在自主地行使着，并且常常是由那些在市场中做买卖和做交易的人们无意识地行使着。这一进程奠定了国际制度的通用性前提。（2）权威分散化、多样化。例如社会上和经济交易过程中的权威，是由国家之外的机构在合法地运用着，并且已经渐渐被那些受制于它的人们所慷慨地承认。这一现象促使不同的国际制度应用于不同领域和不同问题。（3）政治成为一种大众性的共同活动，不再仅限于政治家及公务员们的活动。

五、国际交往日益民主化

如同"人生来本是而且始终是自由平等的"一样，世界政治中的主权国家也十分珍视国家"生来的自由与平等"。自1648年的威斯特伐利亚和约面世以来的一部近400年的国际关系史，就是各主权国家追求主权平等、独立自主的历史。国际政治的特征是强权与专制。国家之间的公正、平等与民主一直只是一种理想。

到20世纪六七十年代，发展中国家纷纷走向独立，但是在国际政治领域国家之间还没有实现全面的公平、公正与民主。

进入20世纪90年代，随着经济全球化进程的加剧，国际政治中的民主因素增加了。表现为：经济全球化造成国际行为主体增多，导致国际权利的分散化程度日益加深，有越来越多的国家加入到国际社会的各种议事日程中去；霸权主义干涉广大发展中国家的能力下降；以联合国为代表的国际组织已经从制度上成为推动国际政治民主化的力量。

在联合国的讲坛上，各国代表都有机会表达本国政府的政策和对国际事务的主张。尤其是弱小国家可以在联合国得到申诉和发言的机会，以寻求国际社会的支持。经济全球化和全球问题的出现导致国家之间形成了命运共同体和发展共同体。国家不论实力强弱都在相关领域进行合作，从而使中小国家有越来越多的机会参与到国际议事日程中来。而21世纪也必将是国际关系民主化加速发展的时代。

国际关系民主化，就是以统治和服从为特征的强权型国际关系，向以独立自主、平等参与和互利合作为特征的民主型国际关系转化过程。国际关系民主化是与殖民体系的瓦解、国际法的强化、强权政治的式微、科学技术的进步、经济全球化的拓展和经济相互依存的加深相依而行的。国际关系民主化是为了更好地规范各种力量之间的相互关系，各国不分大小、贫富、强弱，都是国际社会的平等成员，应相互尊重，平等协商。任何国家都无权把自己的意志强加于人。国际关系民主化要求各国无例外地都遵守联合国宪章的宗旨和原则以及公认的国际关系基本准则，各国的事务应由本国政府和人民决定，世界上的事情应由各国政府和人民平等协商。

当今国际社会中强权国家往往在政治上占据主导地位，并借此垄断国际事务的发言权。这种现象便利了强权国家实现政治霸权，使得弱小国家难以维护自己的权益，也为某些极端势力求助于恐怖手段准备了条件。霸权主义和强权政治是国际关系民主化的大敌，只有反对一切形式的霸权主义和强权政治，才说得上国际关系民主化。国际关系民主化作为一种趋势，它是不可逆转的；作为一种历史进程，它是长期演进的；作为世界爱好和平、民主、自由的国家的奋斗目标，则任重道远。由于它与国际霸权主义和强权政治格格不入，针锋相对，所以在强权政治凸显的时代里，在超级大国竭力追求世界霸权和维持制度霸权的今天，它遇到的困难可想而知。

六、国家间外交新特点

经济全球化的发展并没有出现真正集中统一的权威性全球治理，也没有改变主权国家的社会体系的基本国际构架。国家依然是国际关系的主要行为主体。经济全球化是在国家和世界各国政府的积极参与和管理下进行的，伴随全球化进程的快速发展，导致国家间的外交同样出现新的趋势、呈现出新特点。主要表现在，外交决策过程由单纯的国家和政府间的接触向更加广泛和普遍参与的"大外交"转变；外交较量过程由主权国家间的单向实力政治博弈朝着综合实力的较量和多层面宽领域的沟通；以协商与协调为主导的外交民主化新趋向与多数国家内部的民主化进程相联系在一起，形成了全方位、多形式、立体交叉的多边外交新格局，反映出我们这个时代和平与发展的大趋势。

首先，外交使命的多元化与目标的新调整趋向的出现。确保和平、维护国家的主权领土完整不受侵犯一直是绝大多数国家外交的第一使命和首要目标。利益攸关、相互依存的经济全球化使得第二次世界大战结束以来新的世界大战没有爆发。冷战结束以来，世界经济全球化进程的快速发展虽然没有改变实现和平发展是各国政府外交决策的优先目标，但是，经济因素和民生问题在外交工作中的分量越来越重，国家领土安全、政治安全、经济安全、文化安全、国民福利的增长都构成外交的使命和尽力争取的目标。

其次，国家和政府的外交范围、空间的新拓展。传统的国家外交主要在双边范围内进行的，第三方的介入只是一种不得已的补充形式。在当今世界经济全球化背景下，外交的空间和范围发生了新变化，这就是，双边外交面临着多边外交的挑战。在相互依存、利益相互依赖的经济全球化的背景下，双边外交达成的协议通常也关系到其他国家或者区域经济集团的利益的增损，因而必然引起他方的关注和强烈反应。多边外交、多边协调、多边广泛合作就成为经济全球化的必然要求和必然结果。当今世界的多边合作机制发挥的作用越来越大，即使是某些大国、强国也越来越重视多边合作机制的作用。

再次，经济全球化促进了外交过程的民主化。各国政府的外交已经不单纯是职业外交官的职责。职业外交官不能关门工作，必须深入诸多部门，要协调好同政府其他各部门、同本国议会、地方政府、企业部门的关系，通过广泛的民主协商制定合理的外交政策；同时在与其他国家的交往中，外交部门及其外交官也不能单纯与各国的中央政府打交道，外交官在他国的活动范围不断扩大，需要与他国议会、地方政府交往，和企业集团以及其他民间组织进行交往。

外交的民主化还体现在公众的积极广泛参与和监督。随着各类传播手段的普及，公众了解外交的程度、积极参与外交的热情因为外交的公开性、透明性程度不断增强而有所增加，公众的积极参与使得政府的外交谈判和对各种国际问题的解决置于广泛的民主监督的氛围中，各国外交政策的制定和筛选过程的挑战性均达到前所未有的地步，各层面的压力要求外交增加透明度和实现民主化，最终形成外交的民主化制约与动态平衡态势。

新世纪新阶段，我国外交正处在新的历史起点上。外交工作的地位和作用更加重要，必须更好地为巩固和发展稳定的大局服务，为维护国家的主权、安全和发展利益服务，为维护我国发展的重要战略机遇服务。面对复杂的国际形势，我国全面推进外交工作总体布局，妥善应对各种国际乱局，积极引导国际体系变革，努力为全面建设小康社会营造良好的国际环境，通过有效的外交手段维护我国综合实力的快速发展。

七、世界格局多极化发展趋势复杂化

世界格局是世界主要国家和国家集团之间在一定历史时期内相互联系、相互作用而形成的相对稳定的国际核心权力结构。受经济政治发展不平衡规律的作用，国家间力量对比总处于变动之中，当量变达到临界点时发生质变，世界格局赖以形成的、相对稳定的结构状态就会遭到破坏，格局势必发生序列易位和要素重组，直至形成新的格局。

19世纪以来，国际政治格局经历了维也纳体系、凡尔赛—华盛顿体系、雅尔塔体系、多极化趋势等阶段，国际体系的大变化也反映了国际关系中心舞台的转移。促使国际关系格局变化和国际关系中心舞台转移的根本原因是科学技术革命和由此带来的社会物质生产力的大发展。生产力在不同国家和地区之间的发展又是很不平衡的，经济的不平衡发展，带来了各国综合国力对比关系的变化，国际政治是实力政治，国家之间的实力对比关系的变化必然导致国际格局的根本转变。在冷战以前国际格局的转变通常是通过战争来实现的。冷战结束后，世界格局从两级向多极化世界格局的转变方式不同于以往，其根本原因就是经济全球化、国际经济相互依存日益加深。

从20世纪90年代冷战结束到21世纪前期，世界处于从两极格局向世界格局多极化发展的过渡期。在这较长的过渡期，各种国际政治力量分化组合，反复较量。但是，世界经济全球化进程加快发展，为世界政治格局的转换确立了必须以和平方式来完成的合理化行为界线。经济全球化是冷战结束后世界格局发展演变和最终形成的重要因素，也是推动世界格局发生变化的根本动力。

经济全球化促使世界主要国家间实力对比关系的深刻变化，强与弱、盛与衰的实力转换，国际角色与位序的嬗变，最终会导致国际社会中的权力分配结构产生调整。经济全球化虽然带来经济利益关系的非"零和游戏"结果，但是，在国际政治生活中，权力的分配依然以"零和游戏"为主要特征。一些国际行为主体在世界格局中的地位的相对下降，必然会伴随另一些国际行为主体的世界影响与国际作用的相对提升。最终世界格局作为全球权力分配结构迟早会发生结构性调整。正是经济全球化所带来的世界经济政治不平衡发展促进了世界格局多极化发展。

世界格局多极化和经济全球化是冷战结束前后同时出现的两大潮流。从表面上看，经济全球化呈现统一趋势，而多极化展示分散的趋势，两者似乎是逆向而行、互相矛盾的。实际上，经济全球化时代是极与极之间逐渐趋向高度依存的时代。过去的极相互割裂，呈绝对性，今天和未来的极是相对的，都是相互依存的世界经济的一部分。

在单极与多极世界格局目标的争夺与较量中，美国的单极战略和单极政策行为在很多问题上屡屡受挫。而多极化在仍然以不可逆转的大趋势稳步向前发展，多极化趋势将会变得日益明朗，多极协调制衡格局有可能形成。但是，建立多极化格局的保障机制尚未形成，真正能制约霸权主义的力量还是有限的，所以多极化在发展中也会出现一定程度的反复。经济全球化的迅速发展让国家之间形成了命运共同体和发展共同体，促进了当今世界国际关系新的发展变化。随着经济全球化的深入发展，各国之间、地区之间的经济利益错综交织，相互依赖程度不断加深。同时各国对世界市场的争夺也日趋激烈，争端和摩擦接连不断。

21世纪的世界政治经济秩序处于急剧变动和重组的过程中，当今世界呈现出经济政治化与主权国家政治经济化双重趋势发展状态。各式各样的国际制度、规范、法律和组织层出不穷，恰似一张遍及全球各个角落的"大网"，约束各国和各种非国家行为体的行为，引导世界各个区域迈向共同的发展方向，增强多边主义的吸引力和有效性。主权的理论与实践正在发生深刻、持久的变化。

经济全球化和全球问题的出现导致国家之间形成了命运共同体和发展共同体。同时非传统安全威胁日益突出，国家安全与国际安全越来越紧密地联系在一起，新的国际安全目标就是要营造一个共保稳定、共享和平、共同发展的国际安全环境，创造一个自主选择、求同存异、和平共处的和谐局面，也就是要加速建立公正、合理、稳定的国际新秩序。外交的性质和内涵都在发生深刻的衍变，传统外交披上了新的外衣，也充实了新的内容。

经济全球化主要表现为世界经济内在联系的密切性和外部互动的包容性。由它释放出来的巨大的世界生产力动能，是推动世界巨变的根本动力。这一历史进程对世界格局的发展既有导向多极化、又有导向单极化的双重效应，但主导作用是推动世界格局的多极化。面对当今世界经济发展的这些趋势，国际关系出现的新特点，客观的分析和把握经济全球化的发展趋向，认真研究、制定和实施合理的与经济全球化相适应的内外经济发展战略，使我们在经济全球化的世界经济发展的形势下，规避和防范风险，实现国家经济利益的最大化已经成为当今国际社会上的重要课题。

第四节　经济全球化对世界市场的影响

当今经济全球化的特点之一就是市场的普遍化，一个由民族国家组成的世界正让位于一种由全球参与者构建"世界经济"；全球资本一体化已经打破了生产体系的国家界限，把各个部分重构为一个全球生产体系。经济全球化将世界市场带入了一个新的发展阶段，它以生产资本扩张为突出特点，与贸易、金融结合，在全球范围内扩张，经济全球化的发展对世界市场产生了重要影响，它对世界市场的拓展必然有重大的意义。

一、经济全球化使世界市场向自由、一体化的方向发展

随着世界范围内市场体制的确立，经济全球化获得了迅猛的发展。当前的经济全球化即是全球的自由化市场经济取得的胜利成果，是世界经济的市场化，它反映了自我调节市场卷土重来的趋势。冷战结束以后，两个平行的世界市场理论宣告破产，世界市场恢复了以往的整体性，在更深层次上进行了整合。

在经济全球化深入发展下，世界商品和要素市场不断整合，商品销售市场出现全球性特征，生产力要素的配置也是在世界范围内进行的，一个空前广阔的大市场正在形成，这个大市场既包括商品市场，也包括资本、技术、信息等生产要素市场。整合后的世界市场在全球化的作用下，日益向更自由、一体化的方向迈进。经济全球化意味着贸易一体化、投资和生产

的全球化、经济规则的全球化等等，它被看作是"自由化"和"更大的经济开放"的同义词。

在世界市场上商品、服务、资本、劳动力和技术在国际范围内的流动不受限制，它是各国经济普遍推行贸易、投资自由化及经济不同程度自由化的一场运动。正是在自由化运动的基础上，世界市场越来越向一体化方向迈进，"贸易自由化，从产品交换体现国际经济联系，是世界经济一体化的先导；金融自由化是贸易化发展的结果，是生产一体化的基础；跨国公司则是世界经济一体化发展的最高形式和最显著的特征"。此外，信息高速公路的发展大大缩短了世界市场各个部分之间的距离，全球电脑网络可以在片刻之间完成上万亿美元的国际金融和贸易业务，这为世界市场一体化的发展提供了坚实的基础。

二、经济全球化使世界各国的相互依赖与竞争越来越强

随着信息技术、网络技术的高度发展，世界各国相互依赖性大大增加。相互依赖是世界市场发展的必然结果，是世界

范围内商品经济整体性的体现，经济全球化正是以相互依赖、相互依存为基础的。在经济全球化的不断深化下，这种相互依存性不断加深。与此同时，世界各国的市场也紧紧地连在了一起。

世界各国、各地区通过密切的经济交往和经济协调，在经济上相互联系和依存、相互渗透和扩张、相互竞争和制约已发展到很高程度，形成了全球经济从资源配置、生产到流通，到消费的多层次和多形式的交织和整合，全球经济和世界各国市场已形成一个不可分割的有机整体。随着跨国的商品和服务贸易、技术以及资本流动的规模扩大，各国经济的相互依赖性加强，相互依存度进一步提高，在经济全球化下，不同国家和民族的经济与市场已被紧密联结成一个不可分割的有机整体。经济全球化使各个国家的经济联系和相互依赖空前紧密，但这并不等于各国的利益都能协调一致、互相合作，没有矛盾和斗争。

经济全球化为参与国创造了非常重要的发展机遇——世界市场扩大，交换商品增加，私人资本流入增多，无论是工业国还是发展中国家，它们肯定都会因此而大受裨益。如今，世界各国即便是落后国家也可以通过贸易，通过世界市场发展自己的比较优势产业而获得利益，更重要的是，一个发达国家可以从其非常落后的贸易伙伴发展新产业从而在生产率获得普遍提高中受益。这一受益过程将一直持续到其贸易伙伴达到在全球市场上占有更重要地位的发展水平为止。当然，这种发展水平仍然远远不及发达的工业化国家，但是，这却是一个重要的转折点，自这一点之后，新兴贸易伙伴发展更多的产业将不利于发达国家。发达国家必须通过激烈的竞争来维持其相对于新兴对手的巨大优势，从而确保其获得最佳利益。因此，各国无论是发达国家还是发展中国家亦或是落后国家都可以通过世界市场，利用经济全球化的发展获得好处。

同时，在经济全球化背景下，为了保持自己在世界市场中的地位及既得利益，发达国家及新兴工业化国家又必须不断与贸易对手进行竞争，从而巩固自己的领先地位，保证本国人民的福利。竞争是资本主义国家维持自己在世界市场上垄断地位的一种手段和工具，经济全球化是竞争的结果，同时也加剧了竞争的强度与空间，所谓经济全球化事实上就是在全球范围内拆除壁垒，带来市场竞争。经济全球化实现资源在世界范围内最优配置的同时，也把国际竞争推向了极致，国内竞争转变为国际竞争。随着全球化使国际竞争空前激烈，任何一国缺乏竞争力的产业或企业始终避免不了被淘汰的命运，不同国家之间的优胜劣汰现象屡见不鲜。在世界市场自由化、一体化发展下，拥有较强国际竞争力的国家或经济集团占有的世界市场份额进一步扩大，世界财富分配不平衡加剧，这更加激化了各国间在世界市场上的竞争斗争。

三、经济全球化使世界市场由狭义向广义的世界市场发展

如前文所述，狭义的世界市场是指世界各国相互间通过对外贸易和经济合作关系建立起来的进行商品交换的场所和领域。狭义的"世界市场"属于流通领域，是销售商品的市场。马克思、恩格斯所特别使用的、广义的世界市场则表示发展为世界规模的资本主义经济关系的整体和总和，即广义的世界市场是世界规模的资产阶级经济社会的整体。

马克思、恩格斯曾经指出，"世界历史"时代的形成，是以开拓"世界市场"为基本形式的。经济全球化就是世界

市场和世界历史的形成和发展，它是资本主义生产方式运动的必然的逻辑。经济全球化把世界各国的经济变为一个不可分割的统一整体，社会的经济政治文化活动愈益朝着跨国化方向发展。它是一个多维度的概念，包括经济、政治、文化等多方面的内容。

因为全球化建立在生产、商品、市场、资本、技术配置的全球一体化之上，而所有这些要素都是经济要素，所以全球化首先就是经济全球化。当然，全球化不仅仅是一种经济活动现象，而是一种社会经济关系的运动方式，经济、政治和文化是相互作用的，全球化虽然直接在经济领域中表现出来，但它决不仅仅是经济概念，经济全球化必然会反映到政治和文化上来。也就是说，全球化的发展必然会由经济领域扩大到政治和文化等上层建筑领域，它必然会推动政治和文化活动等全部资产阶级社会关系的全球化。这样，经济全球化使世界市场的概念由狭义不断向广义发展。世界市场是一个动态的概念，内涵在不断扩大。作为统一的世界市场总体由各要素市场组成，它包括世界商品市场、世界劳务市场、世界技术、货币市场、资本市场、外汇市场、黄金市场等。世界市场的构成随着经济全球化的发展越来越复杂化和细分化。

20世纪90年代以来跨国公司的活动越来越呈现生产国际化、经营多元化、交易内部化和决策全球化的特点，将资本、技术、管理合成一体推广到世界各地，形成全球性的生产、交换、分配和消费。随着以跨国公司为载体的经济全球化与区域经济一体化的深入发展，发达资本主义国家贸易、投资、金融日益自由化，狭义的世界市场作为联系各国生产和消费的中间环节，使各国的生产变成为世界市场而进行的生产和使各国的消费变成依靠世界市场而进行的消费，从而造成各国的生产和消费对世界市场的全面依赖性，最终各个国家的生产、交换、消费过程和整个世界经济的运行机制相协调，作为过程要素的狭义世界市场把各个国家和经济体连结成为世界范围内统一的经济整体和总体。这样，在发达资本主义国家的主导下，在经济全球化的推动，世界市场逐渐由狭义的世界市场走向广义的世界市场。

第四章　世界市场的载体——跨国公司

　　跨国公司最早出现于19世纪60年代至70年代。经历了两次世界大战的洗礼，呈现出缓慢发展的态势。随着二战的结束，跨国公司依靠自身的积累、收购和兼并等，规模开始迅速扩大，实力也急剧增强，在世界市场中的地位日益举足轻重。许多跨国公司其本身的经济实力甚至已经超过了一些中等国家的经济实力。随着世界市场日益发展到经济全球化的时代，跨国公司也随之获得了空前发展，其势力逐渐扩延到了世界市场的每一个角落，为世界市场的进一步发展带来了巨大的影响。

第一节　什么是跨国公司

　　跨国公司指的是在两国或两个以上的国家或地区拥有矿山、工厂、销售机构或者其他资产，在母公司统一决策的体系下从事着国际性的生产经营活动的企业。它既可以由单个国家的企业独立创办，也可以由两个或多个国家的企业合资或者合作经营。跨国公司通过输出企业资本的方式，在许多国家设立分公司，或者操控当地的企业转变为他的子公司，进而从事生产、销售以及其他经营的国际性资本主义垄断集团。它可以说是垄断集团通过直接对外投资，在海外设立一个或多个分支机构，形成一个从国内到国外，从事生产至销售的一个超国家的垄断体系。联合国跨国公司委员会指出跨国公司应该具备以下三要素：首先，跨国公司应该是一个工商企业，而组成这个企业的实体在两个或多个国家内经营业务，不论其采取何种法律形式进行经营，也不论其在哪一个经济部门经营；其次，这种企业应该有一个中央决策的体系，制定并执行共同的政策，而此种政策能够反映企业的全球战略目标；最后，这种企业的各个实体是资源共享的，信息以及社会效益会引起世人注目。

一、跨国公司的发展现状

跨国公司开始得以迅速发展是在20世纪80年代。在经济全球化的浪潮中，自由化和信息化开始成为全球性的特征，资本国际化也进入到了一个新的发展阶段。跨国公司作为资本国际化的主要载体开始得到空前的发展，并呈现出一系列新现象和新优势，主要体现在以下几个方面：第一，对外直接投资的总额明显增长。跨国公司是当今对外直接投资的主要实施者，根据统计，在西方发达国家的对外直接投资中，有80%以上是由跨国公司施行和开展的。也可以说，发达国家不仅是对外投资最多的国家，同时也是引进外资最多的国家。第二，跨国公司的数目急剧增长但分布并不平衡。随着资本国际化的程度日益深化，跨国公司的数目也随之不断地增加。然而，在世界市场上，跨国公司所处的地区和经营的行业分布并不平衡。世界上最大的100家跨国公司中约有90家的总部设立在所谓的"三极"国家和地区，即美国、欧盟与日本。这些公司半数以上的经营产业主要集中在电气和电子设备、汽车、石油勘探或分销行业。由此可见，跨国公司大多是由几个主要的西方发达国家所操控，在全世界范围内的分布极不平衡，这也是导致世界市场上不平衡和不公平的国际政治经济秩序的经济根源所在。第三，跨国公司的投资领域日益发生转移。随着经济全球化和区域经济一体化的发展，各国家和地区纷纷调整自身的发展战略，进行产业重组和转移。跨国公司也顺应时代发展的潮流，在国际产业转移中发挥了重大的推动作用，其投资领域也相应地发生了转移。他们采用"以世界为工厂，以各国为车间"的发展模式，把许多产品的生产过程转移到发展中国家，不仅大规模地转移了生产制造环节，还将转移延伸到研发、设计、采购、销售等环节，以增强核心竞争力。同时，跨国公司逐渐减少了对制造业的投资，将产品的生产环节分包甚至完全退出生产环节。在服务业方面也开始出现外包现象，而相应承接最多外包服务的就是亚洲，约占据全球外包业务的45%。跨国公司将主要精力放在高新技术产业和信息产业的研发以及应用上，这也促使了研发费用相应的迅速增长，当然产品的核心技术和高端技术多数仍留在母国，以此保持国家的创新能力和竞争能力。第四，发展中国家跨国公司的实力相对较弱。二战结束后，独立的发展中国家开始了自身民族自立自强之路，随着本国经济的日益稳定发展，以新兴的工业化国家和地区为代表的发展中国家率先进行了海外直接投资业务，组建和发展跨国公司进军世界市场，并获得长足的发展。然而，发展中国家的跨国公司的总体实力与发达国家仍有差距，其中最大的跨国公司规模与世界最大100家跨国公司中最小公司的规模相当。发展中国家的跨国公司在地区和行业分布上也相对较为集中，其中最大的50家跨国公司基本上来自于约13个亚洲和拉丁美洲的国家和地区以及南非，它们的行业也主要集中在建筑、食品与饮料等方面。这与发达国家的跨国公司主要集中于服务业和制造业形成了鲜明的对比，由此可以看出，发展中国家的跨国公司依然还处于初步成长的阶段。

二、跨国公司发展的新特点

当前，随着经济全球化的迅猛发展，作为世界市场上的主要行为体和经济全球化的助推剂，跨国公司的生产和经营环节也呈现出了新的特点和发展趋势，主要体现在以下五个方面。

第一，调整全球发展战略，适应国际经济新环境。随着经济全球化的快速发展，跨国公司作为国际生产和国际直接投资主体，为了适应世界市场竞争的新环境，积极调整了全球发展战略，并完善了公司治理制度和管理结构，同时还强化公司的责任，以此在新的国际环境中建立新的竞争优势。跨国公司的全球竞争战略开始由传统的多国国内经营战略和简单一体化战略向复杂的复合一体化的经营战略发展。在经济全球化时代，跨国公司之间的竞争规则已经发生了巨大的改变：企业参与市场竞争不仅是为股东谋求利益最大化负责，而且还要为股东之外的企业利益相关者负责并创造价值；竞争的目标也不仅仅是为了本企业的生存和发展，更是为了把企业发展和社会、环境的发展协调起来；竞争的方式也从原始的弱肉强食逐渐转变为协同的合作竞争；竞争的结果也从"你死我活"转变为互利双赢。跨国公司全球发展战略的新变化直接引发了其贸易方式、投资模式以及与投资国家的关系等的显著变化。

第二，逐步向综合多种经营发展。在19世纪末期，很多跨国公司就其营业额来说已经具有当今世界跨国公司的雏形，但真正的实行复数产品生产的产品结构的公司，即综合型多种经营的跨国公司，是从20世纪80年代以后才得以快速地发展，其业务经营的范围可以形容为"从方便面条到导弹"，几乎无所不包，无所不容。

综合多种经营的方式为跨国公司的营销可以说是带来了极大的好处和发展前景：（1）增强了垄断企业总的经济潜力，预防了"过剩"资本形式，有效地确保了跨国公司安全发展，并有利于全球战略目标的实现。企业的经营目的在于获取利润最大化，而利润率的高低多寡则取决于企业如何筹划和组织生产、销售与分配这三个运行环节，多种经营的方式可以使跨国公司加强生产环节，实现低价值的投入，高价值的产出，从而有效地降低生产成本和提高劳动生产率，最终达到利润最大化。（2）有利于资金合理流动和分配，从而提高各种生产要素及副产品的利润率。资金的投入必须能够带来良好的投资效益，这是投资的原则和必然性的选择，生产要素组合的是否合理直接决定着企业成本与劳动生产率的高低，而国际间的生产要素组合也要优于一国自身。可以说跨国公司就是世界市场上国际性生产要素优化组合的一种灵活而又高效的载体。（3）便于分散风险，稳定企业经济效益。当今世界经济的发展空前迅速，行业和种类日趋繁多，受各种环境和制度因素的影响，各行业在年度之间的经营状况波动巨大，而占据多个行业的跨国公司的经营，就不会因单独一项经营的波动而影响整个公司的收益。（4）充分利用生产余力，延长产品生命周期，以此增加利润。（5）节省共同和重复费用，增强企业机动性。

第三，技术贸易日益成为跨国公司经营的重要形式。在科学技术革命和知识经济的推动下，跨国公司开始将其企业的核心竞争力转向拥有先进的科学技术与核心技术研发上，它们作为世界技术创新的主体，承担了世界新工艺研究80%～90%的份额。可以说，知识经济时代的到来直接引发了跨国公司在世界市场上科学技术领域中的激烈竞争。

由于将先进的科学技术商品化并投放市场的成本高昂，一般的学术科研机构往往难以承担，因此，一些实力雄厚的大型跨国公司在世界科学技术市场上的优势地位就显得越来越重要。20世纪80年代以来，世界上工艺研制的80%以及生产技术研发的90%，都掌控在跨国公司的手中；而国际技术贸易的75%以上，也都属于与跨国公司有关的技术转让。"技术作为一种市场销售的商品，甚至比直接投资更加高度集中于发达世界"[①]，可以说技术贸易已成为发达国家的跨国公司与发展中国家进行交易和实现超额利润的重要手段，是当今跨国公司进行贸易的重要形式。

第四，投资模式开始由市场导向型和资源导向型转变为

① 参见联合国跨国公司中心编《再论世界发展中的跨国公司》，商务印书馆1982年版，第96页。转引自郭宝宏：《跨国垄断资本主义简论》，经济科学出版社2004年版，第108页。

效率导向型和技术导向型。跨国公司诞生之初，是为了纯粹地占有世界市场份额进行市场导向型投资模式；为了获取某种资源的充足供给进行资源导向型投资。同时，跨国公司在投资时也考虑并实现了如何降低经营成本和增加利润，从而提高生产效率的效率导向型模式。随着知识经济和经济全球化的迅猛发展，以上这三种模式虽然还存在，但跨国公司新的全球经营战略的转变开始引导其投资模式向着眼于提高全球竞争力而从事的全球战略导向型投资模式转变。在这种投资模式下，跨国公司不再单纯的以进入市场和控制资源为基本目标，而是从市场、资源和规模等因素选择投资区位，从而以提高效率为基本要求、获取动态的竞争优势来考虑投资场所和规模。同时，以知识和信息创造为根基，跨国公司着力寻求不同区位资产的最优组合，优化公司内部结构和整体经营布局，并充分发挥和保持公司的竞争优势，在世界范围内建立经营网络系统。同时还吸纳不同国家或地区的杰出人才，以此加强公司本身的活力和创造性，提高公司的竞争力，从而适应变幻不断的世界市场新形势。

第五，影响投资国经济决策，追求利益最大化。一般来说，国家提供的政治框架是市场经济充分地发挥其功能的重要保障。而跨国公司的特征在于跨国，国家的特征却在于以领土和限制在领土上的公民为界，因此，国家为市场经济提供的政治框架与跨国公司的利益诉求是否一致就是二者关系是否和谐的关键点。

随着跨国公司在世界范围的扩张和发展，为了寻求利益最大化，跨国公司干预国家政治经济生活的现象日益呈现出来，由此会引发部分人的担忧：跨国公司在经济上的强大是否会带来政治上的特权，或者会不会有那么一天，他们也会像统治世界市场一样来统治国家或世界的政治领域，从而引发了维护国家主权和引进跨国公司的二难争论。不可否认的是，跨国公司作为超国家的机构在某种程度上或多或少地都会对国家的政治框架和主权造成侵蚀，而且，在世界经济高速增长的今天，对许多国家来说，也包括发达资本主义国家，它们的政权已经开始对在其领土内发生的诸多经济活动失去了控制和主动权，其中包括控制货币供应、决定利息率以及提高社会福利等方面。

以跨国公司为代表的超强利益财团开始越来越影响着母国和投资国的经济贸易政策的制定与实施。在发展中国家，一些大型跨国商业和贸易集团已经开始对国家的政治生活产生重大的影响甚至干预其政策的制定，而即便在"生意是生意，教堂还是教堂，但政治也成为生意"的美国等发达资本主义国家，这种现象也开始屡见不鲜。

综上所述，跨国公司的发展所呈现出来的一系列新特点，都是为了适应经济全球化的潮流和整个世界经济发展形势做出的调整与转变，而资本主义的跨国公司本质并没有改变。作为资本国际化的重要载体，资本主义的跨国公司仍然是资本主义国家开拓世界市场和增加国际市场份额的工具，是其缓解经济危机与转嫁基本矛盾和弊端的一种手段。

第二节　跨国公司对世界市场的影响

一、跨国公司促进了世界市场的发展

首先，跨国公司空前的发展、势力的扩大积极地推进了世界市场的发展和扩张。跨国公司以追逐利益最大化为宗旨，在世界范围内实现生产要素的最优配置，它们通过直接对外投

资在世界市场上建立了庞大的一体化国际生产经营网络，把一个国家的生产与经营和两个或多个国家的生产与经营紧密联系起来。同时，一体化的国际生产和经营也有效带动了贸易、资本和科技等领域的国际化。它把许多国家的市场组成统一的全球市场或者少数区域性的市场，例如飞机制造、汽车等行业在全球的垄断程度达到了相当高的程度，就是这一现象的最好证明。跨国公司的迅猛发展加速了资本国际化的程度，其全球战略联盟也有力地推动了国际科学技术的研究与发展。同时，跨国公司把生产的环节分布到众多子公司所在的东道国，这样既绕过了东道国的关税壁垒，又可以在东道国创造新的需求，从而促进了世界市场深层次的拓展。伴随跨国公司数量的急剧增长，跨国公司内部贸易内容在迅速扩大，这从另一方面扩展了世界市场的范围，充实了世界市场的内涵。

其次，跨国公司在扩展了世界市场的同时也在世界交换中日益占据主导地位。当跨国公司逐渐成为世界范围内经济活动的主要角色时，其本身在世界市场上的作用和地位也日渐提升。它们通过不同形式的贸易方式，例如部门间的贸易和部门内部的贸易等，要么控制国内私人市场，要么通过与其他企业不对称的经济关系实现对整个世界市场的控制，从而使其在世界贸易中日渐趋于统治地位。因此，跨国公司在扩展了世界市场的同时也形成了以跨国公司为国际交换主体的新局面，取代了以往民族国家居于交换主体的旧局面。虽然以民族国家为基础的经济活动仍是当今世界经济运行的主体，但在世界市场上已出现了跨国公司和民族国家的民族企业相互转换的局面，这种新局面势必会对世界市场以及全球贸易乃至世界经济的发展产生巨大的影响，它使民族国家的民族企业趋于极为不利的地位。由此可见，我们虽然不能以此判定跨国公司在世界市场中已居垄断地位，但是，其主导地位是不容置疑的，它们对世界市场和世界经济的发展带来的影响不可小觑。

二、跨国公司加剧了世界市场的竞争

跨国公司的迅猛发展使其在世界市场的竞争也变得日益残酷激烈，以跨国公司为首的全球垄断竞争不仅依靠国家的力量，更是通过国家来保护其在全球的利益，而且更多的是依靠技术和经济的力量维护其在世界市场上的巨大利益，可以说，这是一种以经济和科技实力为坚实后盾的无硝烟的战争。

　　跨国并购是跨国公司争夺和垄断世界市场的主要方式，而且介于跨国公司的本质，它的垄断性极强，涉及范围又广，它把越来越多的企业从少数发达国家的内部竞争中地带到了世界市场上，促使各国各种类型的企业必须在世界市场上进行全方位的较量，竞争的激烈程度可想而知。此外，由于跨国公司的出现和发展，世界经济已不再是各国国民经济的组合，而是越来越成为跨国企业的联合。以跨国公司为代表的企业或企业财团承载了世界市场主要的贸易、生产及投资，并将世界各地的资本、技术和管理合为一体。跨国公司本身也在迅速地全球化地发展，它们在海外的利益正在赶超其在母国的利益，有些跨国公司甚至将其重心和总部转移到母国以外的地区。这说明世界各国已经成为了整个世界经济体系中不可或缺的角色，他们不得不通过在世界市场上激烈的竞争来谋取自身利益的更大化。而各国政府也必须要通过支持跨国公司的研究与开发活动和支持科技政策等方式来提高其国际竞争力，然而，这必将引发更多的潜在摩擦，使世界市场上纷争日益激烈。因此，虽然伴随着经济全球化的进程，各国经济互相依赖的程度日益加深，但是，各国之间互相合作的基础仍是十分脆弱和短暂，一且世界经济运行的天平出现偏差，那么，以跨国公司为交换主体的世界市场上又将引发一场"刀光剑影"的残酷厮杀。

三、跨国公司对世界市场发展的双重影响

发达国家跨国公司的本质在于资本主义国家开拓世界市场的工具和手段，可以说，这在一定程度上并不利于世界市场的整合与发展。虽然发展中国家的跨国公司目前已经有了一定的发展，但与发达国家的跨国公司仍有一定差距，或者说，在当今世界市场上，资本主义国家的跨国公司仍然占据着统治地位。不可否认，以发达资本主义国家主导的跨国公司为世界经济整体的发展带来了巨大的积极影响，在客观上促进了世界经济的发展，并促进了不同文化、不同种族和不同地区人民之间的往来与联系。而且其拥有的雄厚资本、先进管理手段、丰富的从事国际商务的经验以及完备广泛的全球营销网络等对正在发展中的国家和地区可谓是一笔丰富的可利用的资源。但是，由资本扩张的本性推进并建立的跨国公司最根本的目的在于谋取利益最大化和将资本主义经济危机转嫁出去，所以从本质上来看，跨国公司仍然是资本主义为摆脱经济危机、缓和其基本矛盾和弊端、努力开拓和争夺

世界市场的一种工具和手段而已。

由垄断资本主义主导的世界市场，使跨国垄断资产阶级能够轻而易举地获取世界各国一切有利可图的资源，它不仅是垄断资本主义生产方式生存的基础，也是资本主义生产方式的另外一种调整，更是资本主义不甘于被社会主义及共产主义所代替的一种挣扎。发达资本主义国家在世界范围内组建跨国公司的根本目的仍是为了获取利益更大化，相对于某一"群组"或者某一"网络"的生产活动和经营贸易往来而言，跨国公司目前越来越像是一个乐队指挥，操控公司内部与外部的跨国关系。而不管这种跨国关系是否含有某种资本投资，其主要目的都是为了促进它们的全球利益。发达资本主义国家利用其手中的跨国公司通过跨国并购兼并的方式，侵占世界市场份额，巩固其在世界市场上的地位和权力。为维护其在世界市场上的利益分配和地位，跨国公司势必会为发展中国家及落后地区在世界市场上的立足与发展设置障碍，因此，从这个角度来看，跨国公司的发展又是不利于世界市场的充分拓展及多样化的，也会阻碍世界市场的进一步整合和发展。

第五章　世界市场与中国经济的发展

马克思的世界市场理论对我们科学认识当代世界市场的特征提供了宝贵的借鉴；同时，它构成我国社会主义与市场经济结合、国内市场与世界市场接轨的理论基石，为我国经济发展给予重要启示。

第一节　中国经济融入世界市场的必要性

当代世界经济的发展趋势及特征，说明世界市场需要各个国家的经济参与；中国经济要实现又快又好的发展也离不开世界市场。中国经济作为世界经济的重要组成部分，能否持续快速发展，与国际经济总体发展态势和实施的对外政策密切相关。在经济全球化不断发展的新的国际经济总体形势下，如何认识并把握世界市场，并最终成功的融入世界市场就显得尤其重要。

一、当代世界经济发展的客观趋势

世界市场自由化和一体化的不断发展，慢慢演变成为了经济全球化。经济全球化之所以能够取得飞速的发展，完全得益于全世界范围内市场体制的确立。随着经济全球化不断深化和发展，世界范围内的各种商品市场和构成这些商品的要素不断地进行整合，因此全球性这一新特征就体现在了现代商品销售市场当中。另外在世界范围内随着商品的全球化，生产力要素也随着全球化的发展进行重新配置，这样就构成了一个空前广阔的世界性的大市场。因为有了全球化市场这一大环境的影响，经过整合的世界市场将向着更加自由、一体化的方向发展。

经济全球化不仅代表着世界市场的形成，同时也意味着国际金融的一体化、生产和销售的全球化，甚至国际贸易框架和规则的全球化。因此经济全球化也被称作"尽可能大的经济开放"和"自由化"。经济全球化的目的就是实现自由贸易往来，因此通过贸易和金融角度来看，战后全球贸易和金融的经济规则由于受到全球化的影响，不断地向着自由化这个方向进行调整和发展。在世界市场上劳动力、技术、服务、资本和商品在世界范围内的运转和流通都没有任何的限制，为了达到这些目的，各个国家在经济上普遍进行贸易和投资的自由化，同时也进行经济自由化的轰轰烈烈的运动。正是有了自由化这一运动，世界市场逐步迈向了一体化的进程。贸易自由化作为世界经济一体化的先导，通过商品的流通充当着世界经济的纽带；金融的自由化作为生产一体化的基础，则代表着贸易自由化的一种必然趋势和结果；而金融和贸易的自由化，导致了跨国公司这一世界经济一体化发展的最高形式的出现。另外随着网络时代的到来，人与人之间的距离，世界市场范围内的各种距离都被大大的缩短，利用网络瞬间即可完成上万亿数额的国际金融和国际贸易业务，这将更进一步的为世界市场的一体化发展提供坚实的基础。

随着经济全球化的不断发展，世界范围内的各个国家和地区也被紧密地联系在一起，导致世界经济的相互依赖、相互影响也越来越大。另外由于信息和互联网的高度发展，世界各国的联系也大大加强。经济全球化又以各个国家的相互依赖和依存为基础，在世界范围内通过商品经济将这一整体性表现出来，这就是世界商场内互相依赖的必然结果。伴随着经济全球化的不断发展和深化，这种相互影响相互依赖的关系更加深刻。同时世界各国和地区的金融和贸易也被紧密地联系在了一起。世界范围内的各个国家和地区之间，通过不断的经济往来和经济联系，通过不断的协调和发展，其相互之间的关系已经上升到一个更高的高度，这其中包含着许多内在的联系，包括经济上的相互依赖、相互协调、相互扩张、相互渗透甚至包括相互制约和竞争。而这些关系和行为将现行的经济进行重新整合，这其中包括资源的重新配置、商品从生产到流通最后到消费这样一个多环节的整合，最终使世界市场和全球化经济通过这些经济现象和经济关系逐渐演变成为了一个坚不可摧的整体。随着国与国之间的商品、贸易、服务业和相关的技术服务产业的发展和壮大，各个国家和地区之间在经济和其他方面的相互依存度越来越高。正如国际货币基金组织对全球化的概括：全球化之所以最终能将世界各国形成一个统一的相互依赖的有机体，这其中包括了贸易和资金在世界范围内的流动，使得各国经济和世界范围内更好地融合在一起；而技术创新和信息网络技术则使这些联系变得日新月异，使得经济的发展更加迅速，更加快捷；各种商品和劳务的不断输出，带动着世界金融和国际资金的流动，最终这些交织在一起就形成了经济全球化这一有机整体。

在经济全球化的大背景下，不同国家之间、不同地区之间、不同民族之间、不同经济体之间都由于这个已经形成的市场而被整合成为一个有机整体。但是我们也应当看到经济全球化的另一面，虽然经济全球化带来的是相互联系和相互依赖的空前紧密，但是不同国家之家还是会存在利益的不一致、相互之间的斗争和竞争。而这些都是经济全球化所带来的负面影响，因此这些问题也应当引起我们的足够重视。

二、中国经济发展离不开世界市场

中国经济发展离不开世界市场由两方面决定，一方面，马克思世界市场理论揭示了在经济全球化中，任何一个国家都不可能脱离世界市场而独立存在，这就告诉我们中国经济不能脱离世界市场，因为当代的全球化和马克思视野中的世界市场具有逻辑的一致性；我国经济发展的需求决定中国经济发展离不开世界市场。另一方面，历史的教训也告诫我们，关起门来搞建设是行不通的，闭关锁国必然导致国家的倒退，要发展就要顺应历史发展的趋势，就要对外开放，就要融入到世界市场中。因此中国要发展经济就必须融入到经济全球化这一历史趋势中，利用世界市场带动中国经济的发展。

在马克思的著作当中，"全球化"这几个字从来没有被明确地提出。但是通过马克思对世界市场的论述和对世界历史的客观阐述，我们都能发现很多关于"全球化"描述，尤其是当马克思将研究对象从西欧资本主义扩大到世界历史这一范畴之后。这些视野和研究方向的转变都证明了马克思在经济研究领域的高瞻远瞩。从他对"世界市场"和"世界历史"的阐述和研究中发现，这两个概念从某种意义上来说就基本上等同于"全球化"，他们都具有相同的特点、世界性、历史性和全面性。

虽然"全球化"这一概念出现的时间并不长，但是早在一百多年前马克思和恩格斯就已经察觉到了这一现象，并且针对这一现象做了详细的阐述，同时也指出了世界历史进入全球化的客观必然性。马克思关于资本运行方式的分析和阐述，已经预示着经济全球化在未来即将全面到来。但是当时马克思所阐述的全球化和现在的全球化还存在着许多方面的不同，按照马克思的理解，全球化就是世界市场形成和世界历史发展所产生的必然产物，他是资本主义发展到一定高度所必须经历的阶段；同时，也不能单纯地将全球化定义为一种经济现象，而应当看作是一种通过经济这一表象来说明世界范围内的政治、文化等全部资产阶级的社会关系的全球化。因此可以说，晚年的马克思对全球化的理解已经上升到广义的世界市场的范畴了。

目前，虽然全球化经济飞速发展，当前的国际经济结构也更加复杂，但是国际经济形势和发展进程还是围绕着资本主义经济发展来构建的，而这一经济现象恰恰与马克思的世界市场理论预测的方式是一致的。当今的发展中国家还是必须要围绕着资本主义国家来发展自己本国的经济，国际贸易和金融中的不平等和不平衡还是普遍地存在，这也在马克思的预测当中。并且这一趋势将会随着经济的发展、国家综合力量的发展显得更加的不平衡。同时由国际经济所延伸的政治和文化的冲突也会愈演愈烈，世界范围内的摩擦和斗争在相当长的一个时期内也必将长期存在。这正是资本主义全球化扩张所必然导致的结果。

因此，通过研究我们有理由相信，时下最为流行的全球化思潮和马克思的世界市场理论存在着逻辑上的一致性和继承性，甚至可以说今日的全球化就是世界市场在一定意义上的深化和拓展。更加难能可贵的是，马克思处在当时的历史环境中，就可以针对这一历史趋势作出如此准确的预测，并且还针对这一趋势作出了详细的科学的分析和阐述。虽然在当时这一理论的提出存在着一定的历史局限性，但是马克思时代的全球化即"世界市场"已经具有了如今全球化的某些特征与轮廓。

近年来，由于中国经济的迅速发展，对国外资源的依赖也日益加深。中国自改革开放以来，尽管贸易结构已经由过去的以农业和初级产品为主，转向以工业制成品为主，但是，与发达国家的贸易发展特点和趋势相比，中国对外贸易的增长方式还有明显的差距。出口货物处于低级水平，出口秩序混乱，这些充分说明，中国对外经济发展处于低级阶段，这是由技术落后，法制建设不健全等多方面因素决定的，说明我们需要与国际接轨，加强技术、经验交流与合作，以促进中国经济的发展。

第二节　中国经济融入世界市场的战略措施

　　研究马克思世界市场理论，让我们不仅对世界市场有了一个比较全面的认识，而且对当代全球化的正确把握也有了理论的科学指导。在世界市场经济的激烈竞争下，我们要始终牢固树立辩证唯物主义和历史唯物主义的科学世界观，确立共产主义理想，坚定社会主义信念，使我国融入世界市场后，实现独立自主、健康稳健地发展。

一、坚持对外开放，提高国际地位

　　对外开放，是经济全球化发展的一种必要的方式和方法。一方面，在目前的环境下，要想扩大对外开放首先就需要维护国家的经济安全。在经济全球化这一大环境下，只有进行了真正意义上的对外开放，国家经济才可能安全发展，闭关锁国必然导致国家和民众对国家经济安全的忽略甚至无知。因此我们必须要认真坚持对外开放这一长期基本国策，并不断地加大开放的力度，使我们的国家能更加积极稳妥地融入到世界市场。并通过不断的吸引外资、先进技术和各种资源，通过这些方式不断地增强综合国力。

另一方面来说，对外开放和国家的经济安全有着密切的联系。假如一个国家失去了经济安全，那么所进行对外开放的前提和基础都没有办法建立起来，那么对外开放根本不可能有任何的结果。因此，必须要坚持自力更生，艰苦奋斗，应致力于本国的经济发展是根本和关键。因为从地域上来看中国的国土范围非常的广阔，同时国内的经济组成和结构也相当的复杂，因此国内自身通过协调各地域和经济结构之间的关系能够形成一个相对完善的经济体系，从另外一个角度来说我们有一个相对宽松的对外部的依赖空间。因此，必须在确保国家经济安全这个前提条件下，坚定不移地实施对外开放，并且以正确的方式和方法来对待对外开放和自身发展之间的关系。

我国通过30多年的改革开放，积累了相当成熟的对外开放的经验，实现了安全与开放并重的相互统一，既有利于国家的发展，又能确保本国经济安全不受外来影响。在加入WTO之后，中国的经济与全球经济全面接轨，中国的对外开放也翻开了崭新的一页。要在保证经济自主性的同时更大程度地扩大开放，做到在开放中收放自如，有效的保障自主经济，首先就要确保在政府进行宏观调控手段的主导下进行对外开放。对外开放不能是毫无保留地开放、完全自由地开放，因为这显然是不能适应当今国际经济发展趋势的，这是一种粗放型的原始的资本主义发展和扩张方式。当今世界各国在国际经济中都扮演着各自不同的角色，因此对外开放也应该顺应这样的潮流，使对外开放在国家的主导和调控下实现自主化和经济自由化。在这里我们可以借鉴韩国的成功方式。

20世纪60年代后，韩国将出口业作为韩国产业和贸易的指导方向，因此政府的各种调控政策和大力扶持成为经济进行快速增长和发展的关键。结合当时韩国自身的形势和特点，韩国利用自己的劳动力优势积极参与到国际竞争中，放弃了当时发展中国家主流的进口替代和国内保护的政策，把出口产业放在了最为优先的地位。通过大规模的引进外资经济，大力发展本国的制造业，加速国内工业结构的调整和产业结构的转型，从而实现了出口的增加，最终增强了其在国际经济中的竞争力，同时也提高了国民经济实力。通过借鉴韩国的经验我们可以明白，在一个相当长的阶段内，包括中国在内的发展中国家需要政府通过调控和政策导向，才能最终为经济发展起到很好的推进作用。而这些政策和调控手段既能够使本国的经济尽快地融入到经济全球化的进程当中，又能从经济全球化这一过程当中更大程度上得到收益。现今一些发展中国家没有充分结合本国的国情和经济特点，完全放弃了本国的经济体系，对西方为之设计的"新自由主义"发展模式进行全盘接受。

从短期看在一个时间段内经济可能会保持增长的势头，但是从长期看只能是有利于以西方国家为基础的各个跨国公司的利益，从根本上看不利于本国的发展和经济增长。所以发展中国家一定不能完全按照自由主义的原则来发展本国经济，不能为了经济发展而放弃了政府的调控手段。忽视政府的宏观调控和经济调节，就会使整个社会经济缺乏必要的保护机制。政府或者市场之间出现任何的不平衡，都会造成混乱。在市场本身存在一定缺陷的情况下，加强国家在维护和指导国家经济安全中的主导作用，就显得尤为重要了。

二、正确处理参与世界经济和坚定自己发展的关系

在经济全球化这个大的时代背景下，一个国家的经济安全是对这个国家在世界经济中所扮演角色的最大的考验。国家经济安全不仅仅是国家安全的一个重要组成部分，同时也是国家参与国际竞争的一个重要的意识形态方面的工具甚至武器。因此，坚持经济发展的自主性和坚持有中国特色社会主义不动摇，保证改革和开放的方向性不受到影响和破坏是至关重要的。

经济全球化推动了自由经济主义在全世界范围内的迅速扩散，从客观上讲是推动了世界经济的发展，尤其是包括我国在内的发展中国家都从经济全球化这一进程中受益匪浅。由于受到西方经济思潮的影响，我国有一部分经济学家盲目照搬照抄，主张实行全面的自由经济主义，要求尽可能地减少行政干预和政府宏观调控，以使中国经济实现完全市场化。但是他们都忽视了国家经济安全这一重要的方面，一旦全盘接受西方的自由经济主义方式，这将迫使我国对内对外经济政策发生根本

的变化，并最终有可能导致将我国纳入到以西方资本主义为主的国际经济体系中。

正如一位专家学者所说过的那样，"西方发达国家在国内甚至国际事务中历来奉行国家干预政策，但却诱导或者要求其他发展中国家甚至社会主义国家实行新自由主义经济政策，尽可能地取消宏观调控和计划经济，实现市场的全部开放，使这些国家的整个经济命脉完全掌握在西方国家控制的经济体系中。其目的无非就是建立资本市场或经济市场的殖民主义统治，通过经济方面的变革迫使社会主义国家进行和平演变，演变成为资本主义"。因此从某种意义上说，新自由主义一旦纳入到经济全球化这个大的体系中，那么就更加有利于新殖民主义的推行和发展。

在当今这个时代，国际形势和国际环境相当复杂，发展中国家该如何立足于经济全球化这个时代中，又该如何发展自己本国的经济，这都不仅仅需要强调国民经济在经济发展中的作用，更应当注意国民经济的自主性和国家经济安全的重要性。这不仅仅是单纯的经济安全问题，从更深层次的角度看还关系到国家的政治问题。正如邓小平同志所指出的那样，我国的改革开放必须坚持走社会主义道路，坚持人民民主专政，坚持中国共产党的领导，坚持马列主义、毛泽东思想。因此我们的改革开放更应当着眼中国的基本国情，根据我们的实际情况，我们在扩大开放，增进交流，达到共同利益的同时，必须时刻保持警惕，必须坚持不懈地走发展有中国特色的社会主义道路。

三、坚持顺应国际规则，调整和完善政府的经济管理手段

中国经济能够顺应经济全球化这一经济趋势，并成功加入WTO组织，这都标志着中国经济正在加速进入全球经济这一大的平台。因此，我们在充分享受WTO带给我们的利益的同时，也应当同样重视WTO带给我们的严峻的挑战。单纯就世界贸易组织而言，它绝对不仅仅是推行经济全球化和投资贸易自由化的组织，WTO为每个成员国设置的一套游戏规则和经济制度，都是为了维护和保障各个成员国的利益而设置的一个条件和基础。它的运作方式都是以各成员国的利益为基础和前提的，但它并不是毫无条件地为各成员国维护利益的，而是必

须依靠各成员国自身对组织安排的规则和制度的合理利用，最终保障自身的利益和促进经济的发展。同时，世界贸易组织编订的经济规则，主要是依照占优势地位的发达国家的市场规则为准则的，发展中国家对这些既不熟悉，也不适应，更不用提利用这些规则来为自己谋取利益了。因此，规则的不平衡就必然导致收益的不均衡，这些因素都将影响发展中国家的经济安全和经济发展。

在这样的大背景下，政府职能就发挥出了关键性的作用，不同国家和政府对经济发展的宏观调控手段和力度不同，其对经济产生的深远影响也随之不同，这些都是影响经济发展和经济安全的重要因素。在中国加入WTO之后。政府职能随着经济的宏观发展和微观基础的发展，都作出了巨大的调整。随着市场经济体制的迅速确立，市场化进程的加速发展，多重所有制结构的确立和大量外资经济体的进入，都使得经济的微观基础发展向着更加复杂的多元化方向发展。随之而来的就是宏观经济运行方式不再单一地受到微观基础的影响，而是越来越多地受到国际经济形势的影响和左右，政府职能也越来越根据WTO组织的规则来进行调整了。

较之以前，政府直接管理经济的手段在不断减少，但是责任却在不断地加重。政府一方面应当根据世界贸易组织的相关准则制定出一系列公平公正的规则，这些规则遵循市场透明原则和自由竞争原则，使国内的企业能够公平公正的参与到市场竞争这一机制中。同时在另一方面也应该作好准备，利用宏观调控这一杠杆和手段，积极做好应急措施，一旦国际形势发生变化对国内市场产生冲击，政府又可以通过调控这一手段避免由于自由市场失灵而造成的损失，从而实现国内经济的持续、健康、稳定地发展。

我们应当通过不断研究和学习WTO的规则，并从这些规则中找到对政府政策产生制约作用的一系列规则，最终在此基础上进行研究、借鉴，使得这些规则为我们的经济发展提供更好地服务。尤其是政府作为关系到国家政治、经济安全的职能部门，更应该对自己的政府职能有一个全面的深刻的解读，在必要的时刻适当地转变政府职能，才能在关键时刻有效地保护本国经济安全，避免国际经济变化对我们国家经济安全带来影响，维护国家经济的稳定。

四、坚持科学技术是第一生产力，提高产业国际竞争力

经济全球化趋势下的国家经济安全不同于以往传统意义上的国家经济安全。传统意义上的经济安全主要是建立在以自然资源为基础上的经济安全，随着知识经济的到来，新的经济增长点已经不再是依赖自然资源作为其基础了，取而代之的是不断发展的高新技术产业。这是因为，人类已经步入了知识经济的时代，知识经济的兴起将对投资模式、产业结构、增长方式和教育的职能与形式产生深刻的影响。

世界著名经济学家莱斯特·瑟罗在其著作《二十一世纪的角逐》中提出这样一个观点：知识经济的发展和变革在某种意义上能够改变国际关系并使其发生重大变革，国际竞争已经从以往的军事方面的竞争发展成为以科技和经济作为核心竞争力的综合国力的竞争，特别是高新技术产业方面的竞争，更加进入白热化，其互相之间的竞争已经影响到国家之间的安全利益。因此从目前的情况来看，谁能够站在科技的前沿，掌握最新的科学技术，谁就能在21世纪的国际竞争中走在前列。特别

是能够对人类未来产生重大影响的，关系到国计民生的重要的高、精、尖的科学技术，都关系到国家的安全和切身利益。所以各个国家都相继进行高科技的发展战略，在科技上加大投资力度和科研力度，在高新科技领域展开激烈的竞争，科学技术的先进和落后已经关系到一个国家和民族兴衰、存亡。

因此，我们应当坚持不懈地走科教兴国战略，不断地提高我们的教育水平和教育质量，坚持以人为本，不断地创造人才。只有科技水平不断地进行发展，其经济发展才有源源不断的动力。进一步将国家的经济安全才能够得以维护，国家的主权才能得到切实的保障。因此，实施科教兴国战略、不断提高产业的国际竞争力是重中之重。

参 考 文 献

[1]马克思恩格斯全集[M]. 北京：人民出版社，1995.

[2][美]罗伯特·基欧汉. 霸权之后——世界政治经济中的合作与纷争[M]. 上海：上海人民出版社，2006.

[3][美]保罗·肯尼迪. 大国的兴衰[M]. 北京：国际文化出版公司，2006.

[4]杨雪冬. 全球化：西方理论前沿[M]. 北京：社会科学文献出版社，2002.

[5]顾海良. 马克思"不惑之年"的思考[M]. 北京：中国人民大学出版社，1993.

[6]郭宝宏. 世界市场与资本主义[M]. 北京：中国经济出版社，2001.

[7]许兴亚. 马克思的国际经济理论[M]. 北京：中国经济出版社，2003.

[8]李钢，李俊．迈向贸易强国——中国外经贸战略的深化与升级[M]．北京：人民出版社，2006．

[9]戴瑞姣．世界市场的理论研究[D]．厦门：厦门大学，2007．

[10]郭伟．马克思世界市场理论及其启示[D]．赣州：赣南师范学院，2012．

[11]赵景峰．马克思的世界市场理论对经济全球化研究的指导意义[J]．《毛泽东邓小平理论研究》，2004，（3）．

[12]聂志红．马克思的"世界市场"理论与经济全球化[J]．《马克思主义理论研究》2008，（8）

[13]孙来斌．马克思世界市场思想概述[J]．《当代世界与社会主义》，2006，（4）．